啓功全集

（二）

高雨　袁行霈◎主編

岳麓書社·長沙

學術著作

聯緜字典（選録）

本書介紹文件

（一）教育部國語統一籌委會《中國大辭典》編纂處通告

本處特約編纂員符定一君，編成《聯緜字典》三十六卷。因中國語文，其特點在複合詞，即所謂聯緜字也。本大辭典之目的，既在窮文字之源，竟語言之委，故對於每一聯緜字之來歷及其演變，必順次詳叙，如數家珍。本書係直接從各書中蒐集材料，務求翔實。符君從事於此，歷二十餘年。轉語、異文，悉爲聯繫；各家解詁，細與比次。所收起自經籍，姑以六朝爲斷。第六世紀末。先成此書，用部首順序，末附國音索引。此書爲用甚廣，應以公諸當世。特此通告。

民國二十二年五月

（二）北平各大學教授啟事

符君《聯緜字典》一書，蒐羅宏富，取材精審，實爲讀古籍必備之參攷書，甚足嘉惠士林。章太炎先生復玄同書，稱其實較明人《駢雅》爲優。廖季平先生後叙，謂於聲音、訓詁，致力勤而有心得。王晉卿先生作叙，則謂其有所發明。用特介紹於世之治國學者。

錢玄同、楊樹達、吴承仕、高潤生、黎錦熙、高步瀛、郭紹虞、劉異同啟。

民國二十二年五月

黎教授成人之美，慫慂譔書甚力，嘗語作者云："君書固瓌寶也。即委蛇字，可見其精博矣。"民三十年九月，定一坿識。

本書箸作人敂事

（一）

《説文》解單名，本書詁複名。二名者，言語文章之符，六藝羣書之本也。然許氏作《説文》，考之賈逵；定一課本書，獨集斯業。加以簡鉅編長，音緐義富，斟汋匪易，既竭吾才，自顧纇頗，實增慚悚。唯校讎之事，于役者六人，歷時六載有奇。正本對元書二次，印稿對正本有至十次者。躳自督察審核，頗盡心力。上部製版畢，余曾令二人抽對“忮忒”以下十六篥，“无如”以下十四篥，均無譌脱，鄙懷稍安，視段玉裁、桂馥、朱駿聲、王筠之注《説文》，引述多與元書不符，庶幾鮮矣。

（二）

《戴東原集》有《轉語二十章序》，不見其書。本書具轉語條例，爲前賢所未憭，敢曰達神恉乎，聊以曉學者而已。書中轉語，約五千六百左右，殺青後，當鉤稽整飾，別具專書。如有佗人盜竊剽剥，改名射利，出版有法，決不許可。其有襲取異文，本書異文四千有奇。或鈔録書語，别出作品，有迹可徵者，亦同此例，難以寬宥焉。

符定一白

民國三十年十月

黃叙[1]

荀子曰："名聞而實喻，名之用也。累而成文，名之麗也。用麗俱得，謂之知名。"又曰："單足以喻則單，單不足以喻則兼。"是知華夏之語，單復兼行，單以立其本，復以廣其用。故文字雖約少，可以達情，可以極物也。

粤昔周公，始作《釋詁》，單復之訓，粗雜同編。始曰"權輿"，壽曰"黄髮"；"元良"爲首，"徂落"爲終。乃至"關關、噰噰"，疊字成義；"毗劉，暴樂"，聲轉可求。自餘"蠠没""緝熙""左右""勞來"之類，莫非綴合二字，以爲一言。後世訓故之書，慮皆仰遵其法，兼臚單復，從未有專采復名，依《説文》《字林》之法，排比整齊，以便尋覽者。有之，自吾友衡山符宇澂氏之《聯緜字典》始。

①本文作者黃侃（1886—1935），字季剛，音韻訓詁學家、文學家，著有《音略》《説文略説》等。

符氏少承家學，長事通人善化皮君。其於小學，好之尤篤，鑽研蒐討，僅三十年。既誓爲此書，曾無輟業，涉歷屯夷，不離鉛槧，檢書屬草，訖未假手於人，精力之彊，抑亦成功之由也。爰以玄默之歲，一編告成，將鋟版以行於世。

侃惟九州殊語，同本炎黄，爲變雖多，尋原則簡。蓋聲以統義，字以定形，凡在諸華，無能踰越。世之覽者，執符氏之書，以窮麗名之數，進闚《蒼》《雅》、楊、許之學；以撢單語之原，則本末貫通，用麗俱得；以解往詁，斯疑滯悉消；發爲文章，而雅奥可誦，實五稼，飽邦民。

吾於符氏此書之行，有不勝其欣忭者已。

蘄春　黄侃

王叙[①]

小學之書，莫古於《爾雅》。《爾雅》者，所以備訓詁、詞章之用。而《釋訓》一篇，則爲諸書聯緜字之權輿。後世《駢雅》《疊雅》諸作，則專緝聯緜字，以推廣《釋訓》之所未備，而符宇徵之《聯緜字典》，則尤廣搜博採，集其大成，洵文字之淵藪，故訓之匯歸也。

竊嘗謂：聯緜之字，有取其義者，有取其聲者，其聲要不外雙聲、疊韻二者而已。

今試取《釋訓》推廣言之："婆娑，舞也。"此其義也，而其聲轉則爲媻娑，爲媻珊，爲槃散，爲便姍，皆雙聲也。"籧篨，口柔也。"此其義也，而其聲轉則爲扶胥，爲枎疏，爲偊旅，爲土鹵，皆疊韻也。"侜張，誑也。""殿屎，呻也。"此其義也，而其聲則侜張轉爲侏張，殿屎轉爲

①本文作者王樹枏（1852—1936），字晉卿，號陶廬，學者、文學家，工詩文。著有《爾雅郭注佚存補訂》《陶廬文集》等。

唸吚。“誰昔，昔也。”“襢裼，肉袒也。”此其義也，而其聲則誰昔轉爲疇昔，襢裼轉爲徒裼，亦皆雙聲也。

至於疊字之義，其用尤廣。“懋懋、慔慔，勉也。”懋、慔，一聲之轉也。懋懋可轉爲微微，爲明明，爲勉勉，爲民民；慔慔可轉爲勿勿，爲忞忞，爲没没，爲娓娓。“廱廱、優優，和也。”廱、優，亦一聲之轉也。廱廱可轉爲懿懿，爲夭夭，爲郁郁，爲藹藹；優優可轉爲安安，爲抑抑，爲依依，爲宴宴。

其他以雙聲類列者，若悠悠、洋洋之訓爲思，居居、究究之訓爲惡，忡忡、惙惙之訓爲憂，佌佌、瑣瑣之訓爲小，字以雙聲而同義也。

其以疊韻類列者，若祁祁、遲遲之訓爲徐，薨薨、增增之訓爲眾，兢兢、繩繩之訓爲戒，委委、佗佗之訓爲美，字以疊韻而同義也。

竊謂古人之文，由一言而聯爲句，由一句而聯爲文，而又以單詞隻字不足擬諸形容而廣其意義也，於是聯緜字行焉。所謂聯緜者，不第兩字然也，《詩》之“儀式刑文王之典”，則以“儀式刑”三字爲聯緜，而《爾雅・釋詁》之“謔浪笑敖”，《釋訓》之“子子孫孫”，則聯緜且至四字矣。

蓋聯緜字爲小學之一門，實通羣書之訓詁，展轉引申，讀其聲者可以知其義，而六書假借之旨，亦由此而大明。

宇澂竭三十年之力，搜集古書，博爲徵引，成《聯緜字典》。解釋詳塙，攷訂精審，所以餉貽後學者，功蓋不在諸雅下也。其於古書聲轉，定爲條例，古紐分合，正誤鉤沈，有所發明，則温故而知新已。

癸酉二月，新城陶廬老人王樹枏敬叙。

葉叙[①]

書契之興，因物之形而有聲，因聲而成字，因字而生義。義不能囿於一言一事，而後詁訓作焉。詁訓之中，有一字兩義者，有兩字一義者，有同字異義者，有異字同義者。經典所傳，如《爾雅·釋詁》《釋訓》《釋言》三篇，許慎《説文解字》一曰某者，皆是。當周、秦、兩漢之世，學僮所誦習，師儒所修撰，以此類書爲多。今佚而不傳，無從論其得失，惟就見存四庫箸録者而論。小學一類，分爲三屬：曰訓詁之屬，曰字書之屬，曰韻書之屬。訓詁，《爾雅》以下《釋名》《廣雅》等隸之。字書，史游《急就章》、《説文解字》以下《玉篇》等隸之。韻書，《廣韻》以下《集韻》等隸之。有清一代儒者，於三者皆凌越李唐，或輯録佚文，或摭補古篆，或排比故訓，或注疏故書。

---

①本文作者葉德輝（1864—1927），湖南湘潭人，字奂彬（也作焕彬），號郎園。著名藏書家及出版家，精於版本目録學，著有《書林清話》《六書古微》等。

輯録則有任大椿《小學鉤沈》《字林考佚》，梁章鉅《倉頡篇》；摭補則有嚴可均《説文翼》，莊述祖《説文古籀疏證》，吴大澂《説文古籀補》；排比則有吴玉搢《别雅》，洪亮吉《比雅》，夏味堂《拾雅》，史夢蘭《疊雅》；注疏則有邵晉涵《爾雅正義》，郝懿行《爾雅義疏》，王念孫《廣雅疏證》，畢沅《釋名疏證》，戴震《方言疏證》，錢繹《方言箋疏》，段玉裁、桂馥、王筠《説文解字注》及《義證》《句讀》。其時，阮文達撰《經籍籑詁》，尤爲字書之淵藪，經義之匯歸。自是學者承流向風，無有逾諸書軌範而别樹一幟者。

吾友符宇澂孝廉，竭十餘年之力，成《聯緜字典》一書，大恉詳其《凡例》。聯字濫觴於《爾雅·釋訓》《釋言》，宋張有《復古編》，遂分聯緜字别爲一類。宇澂推廣之，每部以聯字列前，以重疊字附後，搜採浩博，引據皆古今儒先之言。循是而求，不獨經典故訓得其會歸，而文筆所資亦取之無盡，洵儒林、文苑合爲一家之鉅製也。

嘗考文章之緣起，莫不一字二字積疊而成文句。三代以前，文體簡樸，不爲曼衍之辭，《尚書》載《虞廷之歌》曰：“股肱喜哉！元首起哉！百工熙哉！”又曰：“元首明哉！股肱良哉！庶事康哉！”又曰：“元首叢脞哉！股肱惰哉！萬事墮哉！”《竹書紀年》載《慶雲之歌》曰：“慶雲爛兮，糺縵縵兮，日月光華，旦復旦兮。”其文皆以一字二字集合成句，而有自然之韻協之。當時史臣誦其功德於君者曰：“放勳欽明文思安安，允恭克讓。”文與歌同，特不韻耳。推之謨誥訓誓，無甚相殊。至三百篇中，若《關雎》詩“關關”“窈窕”“好逑”之類，尤不可僂數。故兩漢詔令辭賦，大抵原本《詩》《書》雅訓，取精用宏，後人讀之，見其辭采斐然，而不知其無無本之學。

太史公作《史記》，《五帝》《夏》《殷》《周》諸本紀，多以詁訓代經，此非有今古文異同，蓋得行文擇言之祕奥。六朝徐、庾宫體出，往往比傅故事，爲駢偶之文。唐宋八家派成，論者以爲復古有功，而末流乃有空疏之弊。

宇澂此書，亦字書之類，而獨取兩字相聯綴及兩字相重複者同爲系屬。蓋痛乎今之爲文者，不識字義，不諧聲律，儉腹盲目，囂囂然自命爲文士者之眾，欲導之歸於正經，以延斯文垂絶之統，意至厚也。比於阮氏《經籍籑詁》之作，其一奇一耦，不誠近代兩大字書哉！

宇澂昔從吾友善化皮鹿門孝廉受今文《尚書》，湛深經術。比年與余講學長沙，知其遠有師承，殫心著述。頃來京師，時或寢食君所，觀其終日憑几不倦，手自迻録，平生精力殆萃於是書。余冀其刊布而傳遠也，故序以張之。

辛酉重九前四日，焕彬弟葉德輝撰。

葉先作序，至余庚辰書成，爲時又十九年。定一識。

自叙

粵稽周朝諸侯，旦箸《爾雅》；秦併六國，斯譔《倉頡》。蓋統一基于同文，鴻業端資潤色。訓故通俗，作宰相者所有事也。

沿漢逮隋，叔重沈淪，《説解》斯作；稺讓優游，《廣雅》用成。丈夫不得志於時，廄門僎書，誕敷文德，名相名儒，一㠯貫之而已。外此作者，篇韻有聲，《類篇》之纘《玉篇》，《集韻》之賡《廣韻》，雅俗迭奏，蘭艾兼收。若其詁訓博通，繩先啓後，《釋文》、陸氏《經典釋文》。《篹詁》阮氏《經籍篹詁》。彬彬兮集大成焉。然陸則音詳誼略，尚有遺珠；阮則音缺誼存，猶非完璧。兼之譌文俗字，未能是正，識者病之。餘子逯逯，僕遬不足數也。

定一少習庭訓，先子卓卿公，諱義玉，授定一九經。仲父佩卿公，名炳光，則授《公羊》《儀禮》《周禮》《爾雅》《文選》學。問字皮先，善化皮錫瑞先生。研稽小學，亦既有年。覺字書逐字詁誼，尟及聯文，《爾雅》諸書，雖有《釋言》《釋訓》等篇，然語焉不詳，略而未葡。增冰積水，大輅椎輪，踵事曾華，竢諸來哲。

定一體質駑下，學淺識闇，言之無文，曷敢述作。唯覩字例之條，喜舊埶而嗜雅言。信而好古，欲罷不能，擇撢羣書，專陳故訓。用集聯字，稽譔其恉，郭兹《雅》例，臬之許書。守漢學之師承，戒腐儒之疏陋。解一字至數十説，證一誼至數千言。守約施博，所謂食不厭精、膾不厭細者也。其有不知，丘葢不言，知而未審，亦從舍旃。汰沙掇金，培苗去莠，斟酌品覈，箸之于篇。然才非楊生，焉能不刊；郭璞《方言序》曰“不刊之碩記”也。學遜張君，叜無足取。張揖《廣雅序》曰“言無足取”。若乃遐邇鴻儒，方來英彦，訂譌摘謬，以瑜補瑕，俾得中度，企予望之已。

凡例

一、《虞廷之歌》曰："元首叢脞。"《慶雲之歌》曰："蕭索輪囷。"自有書契已來，聯字尚矣，其見於《易》《禮》《詩傳》者，尤難枚舉。張有《復古》，特標聯緜。宋張有作《復古編》，有聯緜字。唯語焉不詳，不無遺恨。用廣其範圍，多所羅列。疊字、如《論語·述而》"申申""夭夭"之類。連文，如《論語·鄉黨》"踧踖""鞠躬"之類。固古訓之是式；續詞、如《左傳》隱四年"於是"，《禮記·大學》"與其"之類。助語，如《孟子·公孫丑下》"云爾"，《盡心下》"乎爾"之類。亦嘉言之孔彰。《爾雅》之解"每有"，《爾雅·釋訓》"每有，雖也"。《小爾雅》之釋"惡乎"，《小爾雅·廣訓》"惡乎，於何也"。何休之訓"色然"，《公羊傳》哀六年解詁"色然，驚駭貌"。薛綜之説"莞爾"，《文選·東京賦》綜注"莞爾，舒張面目之貌也"。古之人有先我而行之者，此足補《復古編》之未備也。定一按：助語如"也已""云乎""也與"，雙聲也。“且夫”“已矣”“耳矣”，疊韻也。續詞如“然而”“若乃”“乃如”“而如”，雙聲也。此類語詞當然爲聯緜字。然非雙聲、疊韻者，如“乎哉”“云爾”“焉耳”“今夫”“於是”“所以”“是故”“然則”等字，其性質确與此同類，自不可謂之非聯緜字，猶之“鴽鴦”“倉庚”爲聯緜字，“鸝鶹”“離黃”亦爲聯緜字也。

二、張氏聯字，不拘聲韻。“虙虧”帝號，“即令”鳥名。“族絫”病徵，“蘆菔”艸實。“儋何”“褭褭”，迺以況人；“廫霩”“坳垤”，爰以狀物。《復古編》聯緜字都五十八，非雙聲疊韻者十字，“廫霩”“左右”“坳垤”“褭褭”“儋何”“虙虧”“族絫”“即令”“蘆菔”“纚絓”是也。餘則雙聲十八字，疊韻十九字，聲近八字，對轉三字。曹氏續編，祖述其例，涉獵鳥獸昆蟲，間及艸木山水，爲字無多，猶屬管窺蠡測。元曹本《續復古編》，聯緜都百七字，非雙聲、疊韻者有“辟瀨”“獫允”“焦明”“趧婁”“符訾”“夫蘺”“頗黎”“倢伃”“賓根”“屏當”“夸毗”等字。迄夫清代錢生，《詩音》譔表，兩字相續，大啓土宇。表中覶縷，不囿一隅，述物如“琴瑟”“衾裯”，紀人如“兄弟”“甥舅”，狀事則“起行”“豈弟”，“往來”“只且”，言天則“冬夏”“朝陽”，“三五”《詩·小星》“三五在東”傳：“三心，五噣。”“對越”。按字求音，非準音以綴字也。《詩音表》一有“只且”，表三有“三五”“琴瑟”“衾裯”“甥舅”“豈弟”，表五有“朝陽”“對越”“冬夏”，表六有“兄弟”“起行”，表十一有“往來”等聯字。錢氏曰：兩字相續，或以其形，或以其事，或以其聲。《詩音表序》曰：“凡古人之以兩字相續者，非有所本，古人皆以意造，或以其形，或以其事，或以其聲，皆肖之耳。”三復斯言，先民榘矱。爾之教矣，俾民不迷，實獲我心，是則是傚矣。定一觀正續《復古編》及《詩音表序》，知聯緜字不限於雙聲、疊韻，近人王國維譔《聯緜字譜》，亦有非雙聲、疊韻者都七百餘字，中有“參伍”“離合”“于嗟”“健子”“登遐”“靈均”“憐職”“先後”等字，餘難更僕數也。

三、本書宗旨，注重字義，帥由《爾雅》。《釋訓》《釋言》，首詁聯字，放“諈諉，累也”之文；《爾雅·釋言》“諈諉，累也”。繼解重字，效“斤斤，察也”之體。《爾雅·釋訓》“斤斤，察也”。唯《雅》以義統字，一義可有數字，由義得字，其檢字也難；本書以字統義，一字可有數義，由字得義，其尋字也易。分部收字，分字收義，變更《爾雅》之例，免除繙閱之煩，便利學僮，非云立異。《通雅》攷據疏略，謬誤緐滋；《駢雅》詁訓較審，尚多違失；《比雅》淺薄無文；《疊雅》述作多謬；《别雅》則襲取《韻會》，譌舛不足觀也。

四、文字之興，形聲竝重，《切韻》《廣韻》，説音較精，學子儒師，靡然推重。夫一字四聲，實屬非古。凡某字切異義異，與夫切異義同，本覺其後起紛岐，不符初恉。然古有讀如、讀若之别，有徐言、急言之分，有内言、外言之殊，有横口、踧口之異。此類審音之法，誠使人疑。字至現代，義有隨今讀而始明者，欲求通俗，亦不能全以古讀爲準。二徐攷訂《説文》，一字恒注一切，意猶近古，亦不違今。玆特依據大徐，迻述切語，其有闕者，或今讀必須變者，間采隋唐間反語，或《廣韻》《集韻》以補之。其有《釋文》《選注》，反語複重，《集韻》《類篇》，切語雜沓，分别坿録，以資稽考。本書所具反切，必古有是語，未敢任意杜譔，閉門造車。顧炎武、江永、江有誥、夏炘諸人，比方古音，自作反語，書不同文，似未合也。

五、書注音同，肇之高、郭；《吕氏春秋·貴生篇》注："苴，音同鮓。"《山海經·大荒東經》"名靖人"，傳："或作竫，音同。”定一按：苴、鲊雙聲精紐，疊韻魚部。靖、竫雙聲從紐，疊韻耕部。**字稱音近，見諸服、孟。**《史記·外戚世家》索隱：“服虔云：娙音近妍。”《漢書·禮樂志》注：“孟康曰：禗，音近枲。”定一按：娙、妍雙聲疑紐，疊韻耕部。禗、枲雙聲心紐，疊韻之部。**聲同載於《詩箋》，**《詩·豳風·東山》箋“古者聲寘、填、塵同也”，又“古者聲栗、裂同也”，又《常棣》箋“古聲填、寘、塵同”。定一按：《禮記·少儀》注“帆與范聲同”。帆、范奉紐，栗、裂來紐，均雙聲也。惟寘、填諧聲同兼雙聲，寘、填與塵雙聲兼疊韻。**聲近記之《漢注》，**《漢書·天文志》注：“鄭氏曰：酺、扶聲近。”定一按：酺、扶雙聲並紐。**《周禮注》曰音相近，**《秋官·序官》“壺涿氏”注：“鄭司農云：獨，讀爲濁其源之濁，音與涿相近。”定一按：獨定紐，涿知紐，獨、涿疊韻侯部。**《儀禮注》曰聲相近，**《儀禮·少牢饋食禮》注：“截、替聲相近。”《周禮·内司服》注：“禕、揄、狄、展，聲相近。”《禮記·檀弓下》注：“秦人猶、摇聲相近。”宋本《史記·五帝紀》集解：“孔安國曰：稺、胄聲相近。”定一按：截、替澄透二紐，至脂二部；禕、揄、狄、展脂侯魚元四部，曉定知三紐；猶、摇雙聲定紐，疊韻幽部；稺、胄雙聲澄紐。**以音聲解異文也。若夫陸言協韻，見**

於《召南·邶風》，《何彼襛矣》："車協韻，尺奢反。"《燕燕》："野協韻，洋汝反。"即今云疊韻也；定一按：《漢書·叙傳》"票騎冠軍，猋勇紛紜，長驅六舉，電擊雷震"，師古曰："震合韻，音之人反。"定一攷紜、震疊韻文部，與陸言協韻同。李言協韻，見於《蔡邕傳》注，《邕傳》注："踣，協韻音赴。"定一按：踣與上驅譽韻①，驅侯部，譽魚部，踣之部。即今云韻近也；鄭言諧聲，見於《地官·保氏》注，即許云形聲也。

至本書所説雙聲，以古聲十九紐爲宗，所説疊韻，以古韻廿二部爲據，間有出入，不甚相遠也。定一按：上引音同、音近、音相近，均爲雙聲兼疊韻。聲同有雙聲者，有諧聲同兼雙聲者，有雙聲兼疊韻者；聲近爲雙聲；聲相近有雙聲者，有雙聲兼疊韻者，有韻通而聲近者。協韻既爲疊韻，又雜有韻近在内，此先儒分析不精也。本書説諧聲同者，均爲異文，非轉語。攷羣經異文中，有諧聲同者，有音轉者。諧聲同者衹能謂之異文，不能謂之轉語。《方言》轉語，《説文》轉注，《詩箋》聲轉，皆無諧聲相同之字。[説詳本書聲轉及轉語注。]清儒李富

① "譽韻"之間疑脱"協"字。

孫輩，以諧聲同爲聲相近，固蔛胡、臧庯等以諧聲通用爲轉語，非漢例也。雖《方言》一注，曾以奘壯、京將爲語聲轉，然楊子固自稱爲古今語，不謂轉語也。此郭生偶未審耳。《周禮》保氏六書，轉注、諧聲各居其一，今謂諧聲同者爲轉語，得毋與經訓乖刺乎！本書説聲同者，指聲同紐；説韻同者，指韻同部；説音同者，指聲紐、韻部均同；説聲近者有二，一指聲紐同類，錢坫云同類聲通，如影曉匣之均屬喉類是，二指聲紐位同，戴震云位同則聲變而同，如見端精幫之均屬出聲是；説韻轉者，則謂二十二韻部陰陽配列而互轉也，如魚之轉侯，文之轉脂是。本書有坿刊檢字表，旁注國音字母，不闌入書中。

六、分别部居，不相雜廁，《急就》古訓，實獲我心。《説文》始一終亥，永爲楷模，字書流傳，莫善於此。但分部悉宗篆法，通俗綦難，别居五百四十，尋檢不便。惟《字彙》《正字通》《康熙字典》，據楷書之形爲分部之準，約其數爲二百十四，視筆畫之繁簡，定部居之後先，雖於篆、籀古義不必相符，然隸變已還，卑之無甚高論，令今可行而已。

本書師其體例，化廣同文。其有混淆不清者，如併朮於禾，歸母於毋，形譌義誤，特坿説明。雖云通俗，亦不可全乖六書之恉也。至聯字究歸何部，首字以之定居，《字林》是其先師，《考逸》可以概見。清任大椿《字林考逸》，内收聯縣字，係以首一字分部，如辵部列連縷字是也。

七、發篋陳書，攈摭材料，上起三代，下終六朝，經史子集，兼收並蓄。經則《十三經》爲本，參攷注疏、經解；《古經解彙函》《清經解》等。史則《國語》《國策》、四史爲要，旁及宋魏書；子則周秦諸子、《漢魏叢書》；集則《楚辭》《文選》《古文苑》及漢魏名家集。叙述先後，大體略同《籑詁》，輯字標準，不外舉其所知，義或易曉，則略而不論。劉熙曰："凡所不載，亦欲智者以類求之也。"如是而已。

八、古者印刷未明，殺青非易，簡篇卷帙，傳播維艱，兼以水火兵戈，佚書自夥。西人好古，東倭同文，中土遺書，時見彼國。《切韻》《音義》，慧琳《一切經音義》，書中省稱《慧琳音義》。《古逸叢書》，抱殘録遺，光復故物。本書援引，考訂惟覈惟詳。曲證旁通，芟夷謬説。禮失求野，庶幾近之。

九、書自作注，徵信將來，班固《漢書》、張衡《思玄》、王逸《九思》，在漢已啟其例，兹特放而行之，如經傳、綱目之相倚也。

注中先述經典陳文，繼述前賢舊注。文出何書何篇，注係誰校誰補，均照元書迻録，無所變更。效法《初學記》《北堂書鈔》，摘録舊文，俾人攷證，衆説畢舉，起止較然。如删節繁詞，則標明省略。段玉裁注《説文》，任意删改元書，桂馥《説文義證》、朱駿聲《説文通訓定聲》，引述多與元書不符，深以爲戒。義足采者，箸列本文，其待商者，坿綴注内，非敢任意雌黄，葢防詒誤後學也。

十、本書釋字，凡本文中楬櫫之義，必於注中舉古書爲證，不能一義無證，其義概係古書之舊注。如“上下”字列二十一義，舉古書中四十九證，二十一義即書之舊注。義證以類相從，以次順列。有一證而晐數義者，因數義屬於一證也；如《詩》“委蛇”字，有韓、毛、鄭三説，三説皆係詁《羔羊》之“委蛇”，即皆列於一處。有一義而舉數證者，因數證屬於一義也。如“意者”字，《韓詩外傳》四證，《史記》四證，《漢書》九證，《後漢書》二證，《墨子》三證，《晏子春秋》《莊子》《荀子》各一證，《吕氏春秋》十證，《文選》四證，《經傳釋詞》引管、晏、墨、莊共五證。義皆相同即皆列於一處。定一按：“意者”字，本書引證，多於《經傳釋詞》者八倍。其有舊注之不可從者，或常用之字而偶無舊説者，則特出按語，以申管見，鄭氏之所謂“即下己意”，許氏之所謂“理羣類，解謬誤”也。然亦不敢無徵，無徵固不信耳。

十一、先儒解經詁傳，釋子注史，上自漢魏，下迄隋唐，口授師傳，垂爲家法，元元本本，多可憑依。流及宋元，至於明季，靡靡不振，義理空疏。漢學不明，注解多誤，擇尤收録聶聶崇義、徐徐鉉、邢邢昺、賈賈昌朝、孫孫奭、丁丁度、馬司馬光、洪洪适、洪興祖、王王應麟、宋宋庠、宋祁、劉劉敞、劉攽、章章樵諸人而已。賢明如朱子，淹博如升庵，一則考據不長，一則解説多誕，難於信從，祇得割愛焉。

十二、亭林崛起，樸學開宗。沿及乾嘉，於斯爲盛。碩儒朋興，超越唐宋，攷據訓詁，精覈博通。本書引述其説，訂正其譌。此則清儒厚況，《經籍籑詁》所未有者，時爲之也。其有古時書契，近代儒先，如背漢學師承，不敢揆采，非分門户，實恐涇渭之合流也。黄侃語余曰：“清代文字、聲音、訓詁之學盛矣，其間豪傑之士有六人焉，毛奇齡、王念孫、錢坫、孔廣森、嚴可均、臧鏞堂是也。”定一按：六子之於音學，有所發明，毛、王、孔、嚴之書，膾炙人口，十蘭

《詩音表》，在東《與友人論韻書》，夫唯大雅，卓爾不羣矣。但六子訓詁，不免舛駁。外此，段玉裁、錢大昕，謬誤亦往往而有。惠棟以下，難更僕數焉。隨注收録，是正頗施，訂補之責，或亦有竢諸後賢者也。

十三、經學從小學入者，其經學可信。世言小學者由杜公，語見《漢書·杜鄴傳》。故杜公經學高。《後漢書·杜林傳》曰“引見問以經書”“宏、巡益重之，於是古文遂行”，其明徵也。小學從經學出者，其小學有本。五經無雙許叔重，語見《後漢書·許慎傳》。故叔重小學妙。《顏氏家訓》曰：“《説文》所言，子皆云是。中略。若不信其書，則冥冥不知一點一畫有何意焉。”語見《書證篇》。其确證也。陵夷至于叔世，宋人小學淺，所以經學空疏，程程頤、張張栻之倫，訓詁未審也；明人經學薄，所以小學乖舛，梅、梅膺祚作《字彙》。張張自烈作《正字通》。之流，説解多譌也。是知經學、小學，若脣齒之相依，如輔車之相助。所以本書訓釋，經字特詳，例如“四海”“井田”，“明堂”“社稷”，慎思明辨，徵引微繁。斯則表章六經，是正文字，固一以貫之者也。

十四、經學有今古文，小學亦猶是也。《説文叙》

曰："皆古文也。"其實按驗全書，引今文者不一而足。證見余箸《新學僞經考駁誼》第二十六事。兹特竊取其例，掇拾今學，今古區别，尋其轉變，字形雖異，音理可通。譬之"淒淒""湝湝"，《詩·鄭風》"風雨淒淒"，三家"淒"作"湝"。以韻相代；"平章""㑊章"《堯典》"平章"，《五帝紀》"平"作"便"。以聲相轉也。

至於今古相爭，詆諆小學，疑《爾雅》《説文》皆僞，舍字形、字音、字義以談經，然點畫不知，微言焉識？文字莫説，大義奚明？《説文》載仲舒言"王"，京房説"貞"。漢代今文，非棄小學者。末師背古，識字無多，臆説紛紜，其流謬妄，害于其事，可勿鑑諸？清儒孫星衍、陳喬樅、徐養源、皮錫瑞、王先謙諸人，訓釋今古文矣，未識字形之異同出於音聲之轉變。段玉裁號知音矣，而《古文尚書撰異》，亦未詳音轉字異之由來。本書於今古文之轉變，皆據聲韻求之，以音輨形義，形緣音變，義由音生，此今古文家所未具也。

十五、三《雅》所釋，不别六書；《爾雅》《小爾雅》《廣雅》有譌俗字。篇韻所垂，尤多俗誤。郝氏《爾雅義疏》，王氏《廣雅疏證》，止就故訓闡發，其於本字、借字，未能分别，誰爲正字、俗字，竟不申叙。王氏恒謂某字與某字同，不但不符許書，且常軼出《雅》訓，義不明确，流獘滋多。

本書有鑒於斯，叚借説明，譌俗是正，段氏、朱氏段玉裁《説文注》、朱駿聲《説文通訓定聲》，其於六書轉注，幾乎全錯，其説本字、借字，譌誤尚少。之於通叚，邵氏、邵瑛《説文羣經正字》。雷氏雷浚《説文外編》。之於正俗，思過半矣。其有誤者，檢而訂之，其未及者，攷而補之。参校是非，較量同異，折衷南閣，探本倉籀，以視張有之《復古》不古，《復古編》有文無諧聲，省形省聲，亦不分别，并有以徐鉉新坿作許氏元文之弊。伯琦之《正譌》多譌，庶幾免夫。

十六、書紀轉語，楊子開山；楊雄《方言》説通語者三十見，語通一見，轉語四見，語轉二見。字釋聲轉，郭生踵武。鄭玄箋《詩·有瞽》，言聲轉一見。郭璞注《爾雅》，言語轉者三見，聲轉一見；注《方言》，語轉三見，聲轉十二見。尋其車轍之蹟，可獲率由之涂。博攷前脩，略陳梗槩。

“不律”謂筆，見《爾雅·釋器》郭注：“蜀人呼筆爲不律也，語之變轉。”“扶摇”謂猋，《釋天》：“扶摇謂之猋。”定一按：“不律”疾呼之爲筆，“扶摇”疾呼之爲猋。由郭注言之，“不律”謂筆爲語轉，則“扶摇”謂猋亦語轉。**聯字轉單詞也。“茨，蒺藜”**，見《釋草》。**“杜，土鹵”**，見《釋草》。**單詞轉聯字也。《羔羊》“委蛇委蛇”，《偕老》作“委委佗佗”**，“委蛇”傳：“行可從迹也。”“委委”傳：“行可委曲從迹也。”義同。**聯字變重字也。**《楚辭·九思·憫上》“忿悁悒兮孰訴告”，注：“一云：於悒悒兮。”《方言》八“鶝鴀，或謂之鴀鴀”，與此同。**《采菽》“平平左右”，《左傳》作“便蕃左右”**，《詩·采菽》“平平左右”，《左氏》襄十一年傳引作“便蕃左右”。**重字轉聯字也。**定一按：《孟子·梁惠王篇下》趙注：“倪，弱小倪倪者也。”阮元《校勘記》曰：“孔本、韓本‘倪倪’作‘嫛倪’。”亦重字轉聯字。**兄公俗呼“兄鐘”**，《釋親》“夫之兄爲兄公”，注：“今俗呼兄鐘，語之轉耳。”**下字轉而上字不轉也**；定一按：《方言》五“杷，宋、魏之間謂之渠挐，或謂之渠疏”，注：“語轉也。”亦下字轉而上字不轉。**倉庚即是商庚**，《釋鳥》：“倉庚，商庚。”**上字轉而下字不轉也。**定一按：《方言》四：“汗襦，陳魏宋楚之間謂之襜襦，或謂之襌襦。”又曰：“絡頭，帞頭也。”《釋名·釋宫室》：“椴儒，猶侏儒。”此皆上字轉而下字不轉。**《爾雅》“愷康”**，《釋詁》：“愷、康，樂也。”

《文選》“慷慨”，《文選·琴賦》：“心慷慨以忘歸。”善注：“《爾雅》曰：愷、慷，樂也。”郝懿行曰：“慷慨倒轉即愷康矣。”**倒轉而字全變也。**定一按：《莊子·齊物論》“山林之畏佳”，王先謙云：“即㟪崔，猶崔巍。”《廣雅·釋詁》：“㦻咨，㦧也。”王念孫曰：“倒言之，則曰資㦻。”均與此同。**《楚辭》“律魁”**，見《九歎》，憂苦。**《漢書》“魁壘”**，見《鮑宣傳》，服虔曰：“魁壘，壯貌也。”王念孫曰“轉之則爲律魁”，見《讀書雜志·志餘下》。**倒轉而字變其一也。**定一按：《文選》司馬遷《報任少卿書》：“是以獨鬱悒而與誰語。”《漢書·遷傳》載此文，作“是㠯抑鬱而無誰語”，“抑鬱”即“鬱悒”之倒轉，與此同。**偃蹇、夭矯，雙聲相轉也；**《廣雅·釋訓》：“偃蹇，夭矯也。”定一按：偃與夭，蹇與矯，均雙聲。**春黍、蚣蝑，疊韻相轉也。**《方言》十一：“春黍謂之蚣蝑。”定一按：春與蚣，黍與蝑，均疊韻。**躊躇、猶豫，音同相轉也。**《廣雅·釋訓》：“躊躇，猶豫也。”定一按：躊與猶，躇與豫，均雙聲兼疊韻。**“促織”一作“促機”，異聲相轉也。**崔豹《古今注》：“促織，一曰促機。”定一按：織，照紐，機，見紐，聲同位。**“横由”一作“横從”，異韻相轉也。**嚴可均《説文聲類·幽類》曰：“幽可通侯，從、侯轉可通東。”《韓詩》“横由其畒”，《毛詩》作“横從”。**“不借”一作“薄借”，聲近相轉也。**《説文·糸部》：“綼，一曰不借。”“綼”，段注：“不借，亦作‘薄借’。《周禮·弁師》注曰：璂，讀如薄借綦之綦。”定一按：不非紐，薄竝紐，聲近。**“鸊鷉”一作“鵧鷉”，韻近相轉也。**《廣雅》十下：“鸊鷉，鵧鷉也。”定一按：鸊鵧支脂，韻近。**蟔螔呼爲“蝭蟧”，上字疊韻轉而下字雙聲轉也；**《方言》十一：“蛥蚗，齊謂之蟔螔。自關而東，謂之蛁蟧，或謂之蝭蟧。”定一按：蟔蝭疊韻支部，螔蟧雙聲來紐。**鼅鼄呼爲“蠾蝓”，上字雙聲轉而下字疊韻轉也。**《方言》十一：“鼅鼄，自關而東，趙魏之郊，謂之鼅鼄，或謂之蠾蝓。”定一按：鼅蠾雙聲端紐，鼄蝓疊韻侯部。**枸簍或謂筌篭，**《方言》九：“車枸簍，宋魏陳楚之間或謂之筌篭。”**潣沐或謂佂伀，**《方言》十：“潣沐，江湘之間，凡窘猝怖遽謂之潣沐，或謂之佂伀。”**韻對轉而相通也。央亡謂之嚜杘，**《方言》十：“凡小兒多詐而獪，謂之央亡，或謂之嚜杘。”**蚍蜉謂之蚼蟓，**《方言》十一：“蚍蜉，齊魯之間謂之蚼蟓。”**非雙聲、疊韻而語轉者，方言之殊異也。**《方言》三：“連、此、擤、斯，皆盡也。鋌，空也。語之轉也。”定一按：擤斯、鋌空等字，非雙聲、疊韻，楊雄亦謂之轉。攷

《方言》有聲轉，有語轉，聲轉當然爲音之關係，語轉則不皆有音之關係也。或曰：此類轉語，乃音之通也。錢坫《詩音表》，以出送收三類通五聲。嚴可均《説文聲類》，謂眾類聯比，各循其次，上下闢通，陰陽混一，順逆互轉，首尾循環。章太炎《雙聲説》，謂喉、牙可發舒爲舌音、齒音、脣音，而舌、齒、脣亦可遒斂爲喉、牙。皆其證也。凡兹通轉之文，述其異同之指，不設穿鑿，亦力戒支離也。

十七、經典同音之字，往往形體雖異而意義實同。例如“委蛇”八十三形，音同而義相邇；“崔嵬”十有五體，音近而義無殊。凡此同音異文，古字不堪枚舉。本書詳釋其義於常見之字，其不常見者，則概括其注，或云詳某字下。如“委蛇”八十三形，其七十六形注甚簡略，或云詳“委蛇”下。其有音異義同，亦從此例，庶幾省略贅文，藉免繁複爾。

十八、孔鼎湯盤，載之《戴記》；量銘侯辭，箸之《考工》。厥後《七略》盤盂，昭垂法誡；許書《自叙》，推崇鼎彝。顔之推見民掘秦稱，引述權銘，證明《史記》之誤，見《顔氏家訓·書證篇》。班班可攷也。然“官此栒邑”，見《郊祀志》；“其永保用”，見《後漢書》。《杜憲傳》。此類鐘鼎，皆出許君解字之前，《説文》一字不收，當亦有故。夫齊人曰鴈，魯人曰真，真鴈難分，非子春莫判。事見《韓非子·説林下》。後之鴈鼎夥矣，市儈焉有子春？藉令得真，釋者復緣情定字，質諸疑事，徵之泐形，甚或自用其私，訛言相衍，幾若鼎盡美陽，人皆張敞，見《漢書·郊祀志》。斯爲謬矣。職此之故，深恐一誤，遺累全書，用將吉金聯文，録坿篇末，毋違許氏之意，或免時賢之譏。章炳麟曰［見《文始叙例》］："自宋以降，地臧所發，真僞交糅，［中略］誠欲遵脩舊文，商周遺迹，盤紆刻儼，雖往往見矜式，猶不逮倉頡所作爲珍，反乃質之疑事，徵以泐形，得氂毛，失六瘢，取敗瓦，遺球磬，甚無謂也。"章氏又曰［見《黄季剛遺箸序》］："清儒妄爲彝器釋文，自用其私，以與字書相競，其謬與馬頭長、人持十無異。"

十九、岣嶁禹碑，禹碑文字及攷釋，見本書下册坿録。岐陽石鼓，《韓詩》可考，非屬憑虚。秦時碣石所刻，史述其辭；見《史記·始皇本紀》。嶧山之文，許録其字。見《説文·攴部》"汥"字注。沿及漢魏之際，一字石經，《後漢書·靈帝紀》："熹平四年，詔諸儒正五經文字，刻石立于太學門外。"乃屬今文師承，三字石經，《晉書·衞恒傳》："至正始中，立三字石經。”墒爲古文家法。是以豎石紀事，封山勒銘，文獻所關，特勤捜采，間補經史之缺，藉作詁訓之資。遂爾樂石效靈，得以古文畢發矣。石文以載《隸釋》者爲主，載《隸篇》者充補，間采婁機、顧炎武、王念孫、錢大昕、翁方綱之説以釋之，《隸辨》《隸韻》等書譌誤甚多，不敢援引。

二十、《毛詩》《爾雅》《方言》《説文》，多識鳥獸草木之名，兼悉蚰蟲金石之品，聯語繽紛，斯爲美矣。其最古者，醫家《本草》，博物洽聞，匪但方書，亦格物實典也。唯年湮代遠，不皆傳自神農，《隋書·經籍志》有二十五家《本草》，《神農本草》尚在其外。區矣别矣，亟有待於學者。

本書所收，以本經爲限。世傳金版《證類本草》，白書之字，即金泰和甲子晦明軒刊本《政和新修經史證類備用本草》。定一按：柯逢時翻刊宋本《經史證類大觀本草》，白書之字，文與此同，其有偶多一名以下四字者，則先時朱墨書混亂之也。先民以爲神農之遺。經分三種，合三百六十五名。《證類本草》一載梁陶隱居《序》曰：“覽本草藥性，以爲盡聖人之心，故撰而論之。舊説皆稱神農本經，余以爲信然。”又曰：“今之所存，有此四卷，是其本經，所出郡縣，乃後漢時制，疑仲景、元化等所記。”又曰：“魏晉已來，吴普、李當之等，更復損益。”又云：“今輒苞綜諸經，研括煩省，以神農本經三品，合三百六十五爲主。”雖《漢志》未載此書，當即外經别號。陶君據録，自係傳之扁鵲、張機、《御覽·藥部》二載吴氏《本草》，常引扁鵲。華佗、吴普，醫書未經秦火，可徵信無疑也。此外《名醫别録》《千金翼方》，酌采其言，蓋慎之矣。劉逵注賦［《蜀都賦》］，郭璞注《爾雅》［如《釋草》］，《山海經》［如《西山經》］，陸德明譔《釋文》，司馬貞注《史記》［如《司馬相如傳》］，李賢注《後漢書》［如《馬援傳》］，李善注《文選》［如《南都賦》］，徵引《本草》，往往與元書不符。即載明《本草經》者，亦不皆本經之語。《御覽·藥部》，《爾雅》邢疏，譌與之同。蓋流俗書本之詒誤，雖大儒有不免者，不必皆今《本草》有奪文也。若元明清人述《本草》，改弦更張，真僞粗雜，讀者遂莫由别識。此則吴普造端，而李杲、李時珍、汪昂輩益變本加厲矣。繆希雍撰《本草經疏》，葉天士作《本草經解》，一則品名不符，藥物增廣；一則部居移併，文字割裂，似若未見本經元書者，亦可異也。

廿一、雕版印紙，肇祖李唐；削木刻經，始自馮道。由斯而降，經籍流行。惟版本不同，異文迭出，輕易塗改，乖謬滋多。以段懋堂之好學深思，擅改《説文》，尚且滅裂見譏，成爲衆矢之的，下此者叓無論矣。本書鈔録陳語，偶或襲誤沿譌，非設謬種流傳，葢猶“夏五”“郭公”之意也。墨守苦衷，閲者諒之。

廿二、坊間印書，倣宋爲重。然細審宋字，尚多譌文，“黿鼉”失其形聲，“黿鼉”見陶氏宋本《史記·夏紀》。“奇緫”無以下筆。“奇緫”見宋本《史記·周紀》。若斯之類，難以殫述。不爲矯正，則詒害匪輕；悉予改叓，則成功豈易。書中標題聯字，嚴格糾繩，一丿一乀，一亅一乁，檃栝罔懈，修正頻煩。必使毋違許書，庶幾不迷學子。

廿三、本書纂輯，多歷年所，流離顛沛，罔設輟業。原名《字詁》，叓名《字典》，博采通人，亦猶許氏之指也。其或載酒問奇，借書攷異，所有他山之助，設忘拜況之懷。倘有訂注匡謬者，段玉裁作《説文解字注》，鈕樹玉作《段注訂》，徐承慶作《説文解字注匡謬》。當倒屣以迎之也。

民國廿一年孟冬，衡山符定一宇澂譔。

民二十一年夏，黃侃避亂居平，時相過從，每見必曰：

“君書《凡例》，事事允當，語語内行，湖南人治學，從未有精核若此者。”一日，定詣黄所，適吴承仕在坐，黄指《凡例》十六事，讀至“上字轉而下字不轉”，拍案叫絶，曰：“妙至無以復加，轉語條例，由斯創立，乾嘉儒者，未之有也。”旋讀十五事，鄭重語吴君曰：“評三雅及懷祖諸人，中其肎綮，湖南人箸書而能有此，洵爲異事。”吴君與定一聞之，唯唯而已。

定一按：《凡例》均經黄君審核，唯弟五、弟十三、弟十四、弟二十二四事，後來所增，黄君未之見也。其高足弟子陸宗達，見四事，極以爲善，蓋能守其師法者焉。

民廿九年孟春，定一補志。

後叙

《大戴禮》曰："無憤憤之志者，無昭昭之明；無緜緜之事者，無赫赫之功。"語見《勸學篇》。余之譔此書也，歷三十餘年，肇自宣統庚戌，訖於民國庚辰。其間元、二、三年，職司教育，民十五六，則輨轄鹺政。退食餘暇，鉛槧未離，葢專心致志于編輯，憤發緜聯，凡二十有七年矣。

其書義證分屬，聲韻兼晐，異文備陳，轉語羅列。撮其梗概，有五難焉。《禮記·孔子閒居》有五至、五起，《説苑·君道篇》有五阻。其取材也，捃摭經、史，掇拾子、集，探索賾隱，搜厥遺佚，一難也。

其纂詁也，若經有傳，若禮有記，若圖有説，聶崇義刊定《三禮圖》，每圖有説。若綱有目，二難也。

其正形也，别古、籀焉，如本書"盟主"，依《説文》，䀴，古文从明作盟；如"墬理"，依《説文》，籀文地从隊作墬。判奇字焉，如本書"無妄"一作"无妄"，依《説文》，"無"奇字作“无”。**辨正俗焉**，如本書“觥觥”，依《説文》，觥，俗觵从光。又凡字見《説文》者爲正，否則爲俗。**分本借焉**，如書中“仁義”，本字作“仁誼”，依《説文》，“義”爲借字。“和同”，本字作“龢同”，依《説文》，“和”爲借字。又如同一“委蛇”字，依《説文》，訓蛇者爲本字本義，訓泥鰌者爲本字引申義，訓行可從迹與長順窊衺者，則逶迆或委隨之借字也。但此所謂借字，與《説文》假借不同，《説文》假借爲本無其字，依聲託事，此則本有其字，以音通用。**三難也**。

其審音也，反切别義，本書録《説文》大徐切語，一切元晐眾義。自晉以來，有切隨義異者，今或從眾分之。如“好惡”訓美惡，讀呼皓、烏各二切；訓愛憎，讀呼報、烏路二切是也。然一義衹注一切，若同一義，有先儒别具反語，則坿綴注中，猶之《經典釋文》，一義恒有數音，不必從同，閱者可自決擇也。**諧聲察省**，省者，省聲也。如麃，票省聲；營，熒省聲。**紐表自立**，表見後。余往年撰説聲四文，駁錢大昕古無舌上輕脣音之説，兹施以增脩，於時賢之言，多所是正，世有知音，或無以易之也。**韻字參眾**，韻部之字，參考江、嚴、孔、段諸家韻表，及古書韻文。**四難也**。

其定義也，本之經訓，徵之古今，古謂古文學，如本書

“光被”，今文作“擴被”，“光被”古文也。今謂今文學，如本書“虺積”，《毛詩》作“虺隤”，“虺積”今文也。準之字書，參之子史，五難也。

楬斯五者，黽勉從事，精罷神瘁，困而不失其所。六十之年，得蕆斯業，亦云幸矣。

孔子曰：“我非生而知之者，好古，敏以求之者也。”子夏曰：“博學而篤志，切問而近思。”許沖曰：“六藝、羣書之詁，皆訓其意。”區區之心，竊慕此爾。書成，分十二集，都八十七册。每册百筴。一人撰一書，作法詳見《凡例》與本文。解字專書，兼包雅學，與《白帖》《御覽》分門鈔録之類書不同，與《經籍籑詁》述而不作者有别。四百萬字，五千年來，此爲初見。《玉海》類書，非此例，且祇三百餘萬字；《西河合集》非一書，復有爲人撰注者，非一人作書也。

或曰：書紀聯文，其名字典，於古有徵乎？余曰：有之，荀卿嘗言：“單足以喻則單，單不足以喻則兼。單與兼無所相避，則共。”見《荀子·正名篇》。余謂單者單名，《急就》《説文》《玉篇》是也。兼者複名，《聯緜字》見《復古編》。《駢雅》是也。共者，單複名同舉，三《雅》、《方言》《釋名》是也。夫單共之書，先民有作；

兼名專箸，余改造焉。本書體例，與《復古編》《駢雅》迥異。若孔子偁正名，名今曰字，《聘禮·記》曰：“百名以上書於策。”策者，册也。大册爲典，見諸許書。然則今語字典，古呼名策，是其徵矣。

方余書之將成也，適章炳麟、黄侃至北平。世之言小學者偁章、黄，而《説文略説》視《小斆答問》爲優矣。故余攜例挈稾往示黄君，並語之曰：君見正焉，余其隱哉；隱，隱括。君謂無頗類，余其勉旃。閲十餘日，黄君驅車造廬，入室後正立向余打躬三，從容言曰：“今日論學，君爲吾兄，即本師章氏箸作，未若君之鉅也。吾初以湘人箸書，不過爾耳。今君書體例精詳，六經皆注脚。鄦漢勛後，突出此作，魏、王、皮、葉，瞠若乎後矣。”翌日，黄君偕余游稷園，登壇語曰：“馮桂芬死，下江無人，吾兩人勿庸客氣。下江學術，泝江而上，往兩湖去矣。”余初以馮去世後，俞［樾］、黄［以周］、孫［詒讓］、章［炳麟］繼起，何謂無人。後讀季剛遺箸，有馮桂芬《説文解字段注考正書目》，與本書《凡例》第九事相（會）〔合〕，始知季剛重考正，黄、章諸君不尚此也。定一聞而忸怩，媿吾斯之未能信。自審才學何如馬遷，而採獲古今，貫穿經傳，廣博或又過之。

一人之精，文重思煩，語見《後漢書・班彪傳》。其能免班生之譏耶？

嘗論近代作者，疏《詩》如陳，陳奐《毛詩傳疏》。宗傳以申誼，出言有章，然本借多舛，見陳《本字借字同訓説》。雙聲未明，陳《詩・邶風・旄邱》疏言瑣、尾雙聲，又《大雅・桑柔》疏言疑與戾亦雙聲義近。其失也穿鑿；釋《孟》如焦，焦循《孟子正義》。考古以詁經，旁通情也，焦説名物、制度，詳於趙注、孫疏。乃刊落不盡，尚有盈辭，如孫叔敖舉海，異説莫定從違，篇叙隱栝，繁徵復多誤字，如此者不一而足。其失也枝蔓；焦氏《易章句》不枝蔓矣，然説經多比坿以卦，則奇而不免于鑿。解《禮》如孫，孫詒讓《周禮正義》。博學而詳説，可謂良矣，惟音訓乖，凡言聲轉多誤。引書誤，如"太史"下引《漢書》，係《後漢書》之誤；"典同"下引《文選・風賦》"鬱勃"，係"勃鬱"之誤。此類甚多，難以枚舉。其失也粗疏。夫以三子者之撰，各成一家之言，尚猶瑜不揜瑕，人皆見之。而謂棉力薄才，能無紕繆乎！雖然，夏后氏之璜，無傷於考；明月之珠，不損於纇。見《淮南・氾論訓》。若以小惡妨大美，則未爲知寶者也。是故《尚書孔傳》僞也，而精理雅言未可廢也；《五經異義》

駁也，而古文師説至足珍也。

余之制作，豈曰辭義典雅，足傳于後？惟以故書碩記，樸學舊聞，綴緝于篇，非小道也。雖匿考類，當有可觀者焉。矧以許書諧聲，判明異文；重文、讀若，證明轉語。洨長以後，吾偶得之，乾嘉學者，不及斯也。如本書“佚惕”一作“佚宕”，宕諧碭省聲。“侶行”轉爲“旅行”，猶《説文》吕篆文从旅作膂也。“蔄胡”轉爲“曼胡”，猶《説文》鬗讀若蔓也。若斯之倫，有數千事。清儒段［玉裁］、翟［灝］、張［維屏］、陳［喬樅］諸人釋異文，戴［震］、程［瑶田］、王［念孫］、郝［懿行］諸君説轉語，無有此者。雖嚴可均以此得古音通轉之證，然非證轉語也；李富孫偶以重文“漣蛃”解異文，然不知以諧聲判異文也。若夫轉語樹例，析音求精；作者創轉語條例，見《凡例》第十六事，此往古師儒所未憭者。本書别音，類次有八，首反切，次諧聲，次音同，次聲同聲近，次韻同韻近，次對轉。其有聲韻俱近者，舍韻而取聲，從其朔也。本此八者，逐字分别求之，如“委蛇”七十一轉，“栝樓”三十四轉，均依此求得者。故訓廣搜，陳義求博。本書“君子”有二十六義，“陰陽”有五十一義，類此者尚眾。《饕詁》偶具聯字，義少於此。《蒼》《雅》以降，諸家字書、訓詁學，靡有類此者也。字書如《類篇》，雖分義收切，略似本書，然無轉語、異文。諧聲以下之析音法，未之具也。《經籍籑詁》有義無音，音訓闕而義遂不備。訓詁如王氏《廣雅疏證》，段玉裁推爲天下一人者，如《經義述聞》，如《求古録禮説》，章炳麟稱爲陳義精審者，然《禮説》無音訓，與《籑詁》同，王氏講音訓矣，乃《廣雅》揚搉翱翔，彼謂雙聲字，蓋不知雙聲也。上述八類析音法，莫之能全，加以字之本借正俗，均不申明，其疏義舉證，恒視本書大簡。如“從容”爲《疏證》最驚人之字，視本書義少四倍，證少二倍；“偃蹇”義少一倍，證少三倍；“俳佪”義少二倍，證少三倍；“嵯峨”義少二倍，證少九倍，轉語少一倍。而“㕒㕒”與“嵯峨”，諧聲相同，彼尚不知也。若疊字如“蕩蕩”，則義少九倍，證少二十三倍。其他《疏證》聯字，多載本書，《述聞》之字，亦有采者，難盡舉，可按諭也。

荀卿曰：“徵知，則緣耳而知聲可也。”又曰：“故使異實者莫不異名也，猶使異實者莫不同名也。”見《正名》篇，異實同名，例猶今異義同字。蓋析音陳義之恉，先得我心者矣。今兹脩飾集事，迻書已畢，用付剞劂，施以校讎，治亂不聞，董兹方策，不日宣布海内，就正達人。夫憒憒之志，緜緜之事，固有之矣。乃若昭昭之明，赫赫之功，其然，豈其然乎！馬文蔚箸《小學十書檢字》，貢獻學子者不尠，現正撰《説文校定》，常語人曰："符君之書，其古今一人乎！字數可稽，既無敵耦，其析音精，陳義博，判異文，證轉語者復創獲，均未有人仇匹也。"高野侯［《四部備要》編纂員］曰："此書前無古人，後無來者。"定一按：馬、高所説，則昭赫之謂矣，不才竊有志焉。

民國二十九年季夏，衡山符定一宇澂譔。一九五三年季夏，定一審訂。

定一幼時過庭，先子卓卿公、仲父佩卿公授以《十三經》《文選》，均背誦，故少多識聯緜字。光緒末歲，畢業京師大學堂，習英語，有志譯述。遂操舊業，進而殫力《説文》《廣雅》《經解》諸書，於是篤意於經術、小學矣。庚戌摘録聯字，始自《文選》，本庭訓也。厥後廣其範圍，隋以前經籍，均在讀鈔之列。

民十六年春，全書取材告終，分部剪裁，依例排比，黏成巨册，凡四十有四。册寬一尺二寸半，長一尺四寸半，厚則每册百葉，寫成中册，凡八十七本。是年夏，就册編纂，日詁十五字内外，自晨興至夜半，工作恒逾十四小時，不中程不得休息。若日作七小時，則需時五十四年，若日作五小時，則須七十五年有奇。茹辛含苦，身體堅强，受之父母，痛生我之勞瘁焉。內子趙素華，平時依几侍撰，變則攜稿相隨，未覩厥成，齎志以没，甚可念也。

二十五年秋，書未竣者，僅十之一耳。此書工作，選材居十之六，編纂居十之四，而校讎不預焉。以付梓怱遽，招二生鈔反切，次舊注，助予排比其未竣者。所有異文、轉語，審音度義，與夫脩飾潤色，則作者自任之也。乃未期月，二生先後以事去，余按驗其所排比，舊注之外，往往與管見扞格，乃賈其餘勇，一一改更，成一家言，非競勝也。

至二十八年冬，全書編竟。校讎之事，于役者六人，歷時六載，費金逾萬。書中異文、轉語，校諧聲表、紐表、韻表者各二次，元稿校元書一次，正本校元稿一次，復校元書一次，字在元書某卷某葉與葉之前後，一一登記成册。書名、篇名、篇次，如一二三四或上中下等。靡不載記。本有異同，少者二本，多者五六本。其文字、音義有漏奪譌誤者，均補正之。本書上半部印刷製版竣，余慮其中校讎疏忽，曾令二人抽驗，覆校心部“忮忒”以下十六葉，无部“无如”以下十四葉，均無訛脱，余心稍安。至印稿校對正本，有十一次者，少亦七次。標題聯字，必求正寫，排印子集標題字，以作者方萠下部脩飾，未悉求正寫。一字改鑄，恒至三四次焉，有司苦之。京華局主事甚努力，然非商務館厚貲莫辦也。殊尤絶迹，豈易易哉！定一埘記。

聲紐表[①]

喉	影	曉	匣 爲		
牙（淺喉）	見 羣	溪	疑		
舌	端 知 照	透 徹 穿	定 澄 神 審 禪 喻 邪	泥 孃 日	來
齒	精 莊	清 初	從 牀	心 疏	
脣	邦 非	滂 敷	竝 奉	明 微	

①書中表格，均據中華書局 1954 年版《聯緜字典》相應内容影印（繁體竪排），此後不再一一説明。

古今聲四十一紐 從陳氏切韵攷所定

正書者古今聲所同

旁書者今聲分而古聲合 定一攷出古有四十一紐但合用者可以歸併說見後

字外加□者。據切韵攷分出而爲之新立名。旁識以規者倘可商榷也。

古聲葡四十一紐可併爲十九紐説

《説文》部首五百四十字，四十一紐均葡。兹采取四十一字，表而出之。表坿後。字雖出於部首，而經子傳記，數數見之，無一可疑之字，假令部首中其他之獨體字，有可疑爲許君分部時所强立者，而表中四十一字，則人所習見，無一可疑。即無一不可信之紐。在未製反語以前，此四十一字，先師早有聲讀，反語既作，學者遂依各字之聲讀而施之。聲讀元有四十一類，故後來反語亦有四十一類，二者相應，勢所必然。大徐録孫愐《唐韻》切語，部首諸字，在孫君必有所本。或曰：《説文》部首字不常用，其反語或係孫愐所加。然野王《玉篇》全書均有反語，就現存之《玉篇》殘卷，可以證明其部首反語，當然不能獨缺。由《玉篇》可以推知，《説文》部首之反語非孫愐始作。今本《玉篇》部首五百四十二，爲紐四十，所缺者神紐耳。《説文》示、舌、晨、盾、食五部，元屬神紐者，《玉篇》均歸禪紐，此或野王所箸，或宋人所改，雖未攷出，其定紐四十，則固章章可覩矣。

觀下述徐邈、郭璞反語有神紐，足證明梁時非無是音。

攷之陸德明《經典釋文》，即《爾雅》一書，已葡四十一紐。攷之曹憲《博雅音》，即《釋詁》一篇，已葡四十一紐。攷之陸法言《切韻》，即殘卷，已葡四十一紐。表坿後。上而攷之東晉徐邈，其見于《周禮》《莊子音義》者，爲紐三十有九。《周禮音義》：《外府》“幾”，徐舉豈反，見；《序官・媒氏》“麲”，徐去穢反，溪；《瘍醫》“跌”，徐徒紇反，定；《職幣》“著”，徐張恕反，知；《序官・廛人》“廛”，徐長戰反，澄；《大宰》“窆”，徐補贈反，幫；《膳夫》“陪”，徐蒲來反，並；《醢人》“蔓”，徐音蠻，明；《宫正》“比”，徐芳履反，非；《内饔》“鱅”，徐又孚趙反，敷；《序官・内司服》“縫”，徐扶用反，奉；《染人》“湛”，徐子廉反，精；《食醫》“齊”，徐蔣細反，清；《大宰》“前”，徐昨見反，從；《食醫》“滫”，徐相幼反，心；《大宰》“擾”，徐尋倫反，邪；《玉府》“第”，徐側敏反，莊；《大行人》“屬”，徐章束反，照；《考工記》“插”，徐初輒反，初；《大府》“斥”，徐蚩祐反，穿；《大宰》“削”，徐所召反，疏；《蟲氏》“説”，徐始鋭反，審；《酒正》“毆”，徐烏例反，影；《閽人》“苛”，徐黑嗟反，曉；《醢人》“骭”，徐户幹反，匣；《内饔》“庮”，徐餘柳反，喻；《醫師》“瞑”，徐云千反，爲；《膳夫》“醇”，徐力放反，來；《膳夫》“臡”，徐耳齊反，日。《莊子音義》：《逍遥遊》“菌”，徐其隕反，羣；“敖”，徐五到反，疑；《齊物論》“刁”，徐都堯反，端；《應帝王》“淡”，徐大敢反，透；《齊物論》“苶”，徐乃協反，泥；“姚”，徐敕弔反，徹；《人間世》“紐”，徐女酒反，孃；《齊物論》“盟”，徐武耕反，微；《逍遥遊》“射”，徐又食亦反，神；《人間世》“蜄”，徐市軫反，禪。已上所述，都三十九紐，所缺者滂紐及牀紐耳。

又上而攷之西晉郭璞，其見于《方言注》及《爾雅音義》者，已葡四十紐。《方言》卷一注：釗，居遼反，見；唴，丘尚反，溪。卷五：鍵，巨蹇反，羣。卷一：枿，五割反，疑。卷四：裯，丁牢反，端。卷一：譗，他和反，透。卷二：偍，度皆反，定。卷一：愵，奴歷反，泥。卷九：輈，張由反，知。卷一：踤，敕厲反，徹。卷六：錘，直睡反，澄；忸，又女六反，孃。卷十二：偋，博丹反，幫。卷二：膔，匹四反，滂。卷五：涊，薄淹反，竝。卷一：媌，莫交反，明。卷九：韠，方婢反，非。卷六：敀，妨美反，敷。卷十一：蟦，翡翠反，奉。卷一：憮，亡輔反，微；噆，作念反，精。卷二：鈔，錯眇反，清。卷一：奘，在朗反，從。卷二：摻，素檻反，心。卷三：諄，章順反，照。卷十：咨，莊伊反，莊。卷四：袡，昌詹反，穿。卷七：煛，創眇反，初。卷二：鑠，舒灼反，審。卷十三：聳，山頂反，疏。卷一：撏，常含反，禪；唏，虚几反，曉。卷二：渾，狐本反，匣。卷一：噫，央媚反，影；挻，羊羶反，喻；過，于果反，爲；惏，洛含反，來。卷六：悘，人力反，日。已上葡三十八紐。《爾雅音義》：《釋器》"袸"，郭辭見反，邪；《釋水》"潏"，郭述決二音。《切韻》殘卷"述"，食聿反，神。都四十紐。

徐仙民乃錢大昕推爲多古音者，郭景純生當西晉末，距魏近，去漢不遠，其注《爾雅》《方言》之反語，當然爲古音。夫徐、郭兩君，一有三十九紐，一有四十紐，則《説文》部首之四十一紐，孫愐不僅本之曹憲、陸德明，已證明東西晉之音即如是。

更上而攷之魏晉之交，吕忱《字林》，有知、徹、孃、非、奉、微、照、穿、牀、審、禪、喻、日諸紐。依《字林攷逸》所載，并檢元書，得知《字林》：罩，竹卓反，知；侗，音勑動反，徹；륵，女知反，孃；楓，方廉反，非；怫，扶勿反，奉；槾，亡一反，微；觢，之世反，照；舛，充絹反，穿；餞，士

山反，牀；𥈠，式衽反，審；葚，時審反，禪；綖，弋善反，喻；鞾，而容反，日。

更上而攷之漢魏之際，孫炎《爾雅注》，有非、奉、照、喻、日諸紐。《爾雅音義》：《釋蟲》“蜚”，孫甫尾反，非；《釋詁》“圮”，孫房美反，奉；《釋地》“祁”，孫本作厎，音之視反，照；《釋詁》“台”，孫羊而反，喻；“儴”，樊、孫如羊反，日。是則謂古無知、徹、澄、孃、非、敷、奉、微、精、清、從、心、邪、照、穿、牀、審、禪、喻、日諸紐者，與孫、吕、郭、徐、顧、曹、陸諸儒之反語全不合，其爲失攷也無疑矣。

或曰：君所述郭璞四十紐，缺牀紐，加以《爾雅·釋獸》音義“㦸”下引《字林》士山反，爲魏晉時有牀紐塙證，適得四十一紐。然則古聲與今聲同乎？曰：非也。今聲四十一紐，大都各自爲用，古聲四十一紐，則可合用者多。其合用之標準，一如前表所揭櫫，都爲十九紐。其合用之事實，則羣紐古讀多同見。舌頭音可讀舌上，重脣音可讀輕脣，定一證明之。泥、孃、日一聲，鄒漢勛創之，章炳麟證之。喻紐古聲多同定，曾運乾證明之。邪紐古聲讀同定，錢玄同證明之。至宋以前反語，以輕脣音切重脣，以舌上音切舌頭，亦合用之，灼然無疑者也。

或曰：子所述郭、徐、顧、曹諸家反語，在今日讀輕脣舌上者，在郭、徐、顧、曹當時當讀舌頭與重脣。定一謂：此係根據錢説立論，余已别譔兩文，證明古有輕脣舌上音，錢所云古無輕脣舌上者，完全出于誤會。是則今讀輕脣舌上音，何所見郭、徐、顧、曹之時當讀重脣與舌頭？況以時代言之，曹與二陸同時，《博雅》聲紐，當然與《切韻》《釋文》之聲紐，同其讀法。顧去曹、陸不遠，事同一例，郭、徐去顧亦不遠，視二陸之去今日，較近多矣。顧、曹、陸反語之舌上輕脣音，今讀既與之無大異，不應上至郭、徐之時，即全變爲舌頭與重脣也。此事理之顯而易明者也。故余之所偁古有四十一紐者，由唐而隋而梁而晉而魏而漢，皆有反語以爲之證，其聲紐之系統，歷歷可攷，非如錢曉徵誤會古之舌頭重脣音，遂肊斷古無輕脣舌上音也。

或又曰：子所言古四十一紐多合用者，即合聲也，與段若膺之合韻，將毋同乎？定一謂：同之中有異。段氏合韻，謂之合而其分乃愈明，葢十七部之外有合韻也。余之合聲，謂之合而其分者可併，葢四十一紐之中有合聲也。此其異也。但併者，《説文》云“竝也”。竝从二立，二十二紐與十九紐相併，即二十二紐與十九紐竝立也。此與十七部之於合韻，異之中又有同也。

錢玄同曰：見致黎錦熙書。“符公謂古有舌上輕脣音，可也。謂古者舌頭、舌上等可通，唐宋以後不可通，此説總覺得大可斟酌。古既分舌頭、舌上，則必不可通矣。至書本上有通用之迹者，當在更古之時。鄙意舌頭、舌上通用者，非通用也，實一音也。若考得其時墑已有舌上，則其時便不能通用矣。”

定一按：錢君以音學聞於時，直諒多聞，爲吾益友。但上語出自倉卒，尚待商略。彼既言舌頭、舌上必不可通，何以書本上有通用之迹？待商者一。彼既言更古之時可通，何以古時不可通？待商者二。彼既言舌頭、舌上通用者實一音，何以其時考得墑有舌上，便不能通？待商者三。至僞符君謂古者舌頭、舌上可通，唐宋以後不可通，則與定一之説殊異。定一所説，止云宋以前反語，以輕脣音切重脣，以舌上音切舌頭，亦合用之灼然無疑者也，未如錢君云云也。

語有出入，斯意有柴池，差之豪氂，謬以千里。兹舉《切韻》一字證之，知錢君説有未耶也。《切韻·十七真》："塡，陟鄰反，又徒賢反。"又《一先》："塡，徒賢反，又陟陳反。"陟爲知紐，舌上音，徒爲定紐，舌頭音。此陸生明明考得其時"塡"字堉有舌上音，故注以陟鄰、陟陳反。又考得其時"塡"字堉有舌頭音，故注以徒賢反。同一人，同一書，同一時，同一地，同一字，堉有舌上舌頭兩讀。舌上舌頭兩讀，又堉同一義。由斯而談，錢君所云"既分舌頭、舌上，則必不可通"，所云"舌頭、舌上通用實一音"者，皆不諦也。夫一字有舌上舌頭兩音者，語有輕重耳。顏師古、李善先吾儕言之，本自憭然，《漢書·西域傳》無雷國"北與捐毒、西與大月氏接"，師古曰："捐毒，即身毒、天篤也。本皆一名，語有輕重耳。"《文選·東都賦》"傑侏兜離"，善注："《孝經鉤命決》曰：'西夷之樂曰侏離。'毛萇《詩傳》曰：'西夷之樂曰朱離。'然説樂是一，而字並不同，蓋古音有輕重也。"徒以錢大昕説古無舌上輕脣音，振振有辭，爲所淆亂耳。

坿：《說文》部首四十一紐表

每紐録一字，次序依部首先後，規識者聲紐。

一 ㊞影 於悉切	告 ㊞見 古奥	齒 ㊞穿 昌里	史 ㊞疏 疏士	竹 ㊞知 陟玉	來 ㊞來 洛哀	門 ㊞明 莫奔
示 ㊞神 神至	八 ㊞幫 博拔	品 ㊞滂 丕飲	皮 ㊞奉 符羈	巫 ㊞微 武扶	多 ㊞端 得何	土 ㊞透 它魯
三 ㊞心 穌甘	口 ㊞溪 苦后	冊 ㊞初 楚革	自 ㊞從 疾二	豐 ㊞敷 敷戎	白 ㊞並 旁陌	田 ㊞定 待年
王 ㊞爲 雨方	走 ㊞精 子苟	共 ㊞羣 渠用	習 ㊞邪 似入	虎 ㊞曉 呼古	人 ㊞日 如鄰	男 ㊞泥 那含
玉 ㊞疑 魚欲	止 ㊞照 諸市	爪 ㊞莊 側狡	羊 ㊞喻 與章	青 ㊞清 倉經	重 ㊞澄 柱用	丑 ㊞徹 敕九
士 ㊞牀 鉏里	行 ㊞匣 戶庚	臣 ㊞禪 植鄰	放 ㊞非 甫妄	矢 ㊞審 式視	女 ㊞孃 尼呂	

說明

一、上列部首四十一字，不但《說文》有此字，乃習見於《易》《書》《詩》三經者，且皆今文也，非許君僞造也。其字爲有書籍以來所通用，其聲爲今古所通行，其紐無可疑者。

二、《說文》全書之字，其在部首以外，屬於四十一紐者，不勝枚舉，尤足證古有四十一聲。

坿：《切韻》四十一紐表

矩識者韻部，規識者聲紐，次序依《切韻》殘卷先後。

【東】

中 又陟隆又陟仲反·黃表（見聲韻學表解下·十三）冬部列廣韻中字·陟弓切·改爲端紐·既入冬部·則皆古聲·非端紐也·（知）

忡 （初）初中

戎 而隆·黃表冬部列廣韻戎字·如融切·改爲泥紐·定一謂黃君此字之失與中字同（日）

彤 （徹）又敕林

雄 （爲）羽隆

藭 （羣）渠隆

豐 敷隆·黃表改滂紐·非·（敷）

充 處隆·黃表改透紐·非·（穿）

【冬】

冬 （端）都宗

炵 （透）他冬

潨 （照）又職隆

農 （泥）奴東

恭 （見）駒東

蜙 （心）先恭

樅 （清）七恭

[illegible] （來）力宗

宗 （精）作綜

【模】

模 （明）莫胡

匍 （竝）薄胡

胡 （匣）戶吳

屠 （定）度都

荼 （澄）又宅加

呼 （曉）荒烏

膴 （微）又武夫

吾 （疑）五胡

徂 （從）昨姑

烏 （影）哀都

逋 （幫）博孤

枯 （溪）苦胡

【魂】

賁 （非）又方寄

【寒】

單 （禪）又常演又市連

鬆 （奉）又防滿

凔 （神）食干

【歌】

倭 （喻）亐和

絁 （審）又式支

頗 （滂）滂河

【覃】

簪 （莊）又側岑

【青】

鉎 （疏）又所庚

【陽】

詳 （邪）似羊

【侯】

羺 （孃）女溝

【咸】

讒 士咸·黃表沃部·列廣韻丵字·士角切·黃已訒士爲古聲·而乃指爲從紐·非其類也·（牀）

說明

一、上列四十一紐，見于《切韻》之模、齊、歌、侯與東、冬、魂、寒、覃、青十韻者，已有三十九紐。攷此十韻，在黄侃古韻二十八部之内。黄君云：“二十八部，但有古本音十九紐，不襍變聲。”見《聲韻學表解》。定一謂：既是古韻無變聲，則此三十九紐皆古本聲也。或曰：表内忡、彤、雄、竆四字，依黄君所定，爲東二字，非古本聲。定一謂：三十九字内，既有三十五字不能否認爲古紐，則此四字焉知其非古紐。黄君畫分東韻之字，指定若干爲東二，爲今紐，此乃彼欲樹立聲韻條例，以意爲之，拘牽《等韻》以求古韻，離析《廣韻》以合古聲，非其實也，未可從也。

二、上列四十一紐，同在一書之内，《切韻》殘卷。既有三十九紐證明爲古聲，其佗之一紐爲詳字，邪紐，屬陽部，當然陽爲古韻，邪爲古聲。又一紐爲讒字，牀紐，屬咸部，當然咸爲古韻，牀爲古聲。黄君謂：“《廣韻》有變音字襍古本音中，大氐後人增於部末，非陸君之舊。”見《聲韻學表解》。定一今檢陸書，實有四十一紐，證明《廣韻》古本音中之變音字，非變音也，皆古本音也。黄君之言不諭矣。黄君深諳音學，冠冕時賢，早年未見《切韻》，故有此失。猶之戴震、黄以周，未見《切韻》，誤以《廣韻》二百六韻，爲仍法言之舊。見《聲韻考》卷一與《六書通故》三。其實《切韻》韻目及次第，與《廣韻》不全同。觀出土之《切韻》殘卷，可以證明之也。是則黄君之失，不獨黄君一人也。

羣紐古讀同見證

定一攷經典及字書、韻書，知見、羣古聲同，其證據可分甲、乙、丙、丁、戊五類。

甲、見紐、羣紐字經典互用，足徵見、羣古同聲也。此類之證十有八：

《易·小畜》："月幾望。"《釋文》："幾，徐音祈，又音機。《子夏傳》作近。"《説文》：幾、機，居衣切見；祈，渠稀切；近，渠遴切羣。證一。

《書·舜典》："覲四岳。"《史記·五帝紀》作"見四嶽"。《説文》：覲，渠吝切羣。證二。

《書·堯典》："厥民析。"《史記·五帝紀》作"其民析"。《説文》：厥，俱月切見。《廣韻》：其，渠之切羣。證三。

《書·微子》："若之何其。"《史記·宋微子世家》集解："鄭玄曰：其，語助也。齊、魯之間聲如姬。《記》曰：何居。"其羣。居，《説文》九魚切見。證四。

《詩·大雅·雲漢》："兢兢業業。"《釋文》："兢，本又作矜，居陵反。"見。《説文》：矜，又巨巾切羣。證五。

《詩·小雅·賓之初筵》："賓載手仇。"《釋文》："仇，毛音求，鄭讀爲𣪠，音俱。"見。《説文》：仇，巨鳩切羣。證六。

《詩·鄭風·羔裘》："彼其之子。"《左傳》襄二十七年引作"彼己之子"，注："己，音記。"見。《切韻》殘卷：其，渠之反羣。證七。

《詩·大雅·崧高》："往近王舅。"箋云："近，聲如'彼記之子'之記。"《説文》：近，渠遴切羣；記，居吏切見。證八。

《詩·周頌·昊天有成命》："夙夜基命宥密。"《釋文》："其，音基，本亦作基。"其羣。基，《説文》居之切見。證九。

《詩·邶風·終風》傳："嚏，跲也。"《釋文》："劫，居業反見。本又作跲，音同。又渠業反羣。"證十。

《儀禮·聘禮》："歸饔餼五牢。"注："今文歸或爲饋。《論語·陽貨篇》：歸孔子豚。”《釋文》：“歸，鄭本作饋，魯讀爲歸。”《説文》：歸，舉韋切見；饋，求位切羣。證十一。

《士喪禮》：“兆基無有後艱。”注：“古文無兆，基作期。”《説文》：基，居之切見；期，渠之切羣。證十二。

《周禮·地官·大司徒》：“正日景，以求地中。”注：“故書求爲救。”《説文》：求，巨鳩切羣；救，居又切見。證十三。

《周禮·地官·閭胥》：“既比，則讀灋。”注：“故書既爲暨，杜子春讀暨爲既。”《説文》：既，居未切見；暨，其冀切羣。證十四。

《委人》：“以甸聚待羈旅。”注：“故書羈作奇。”《説文》：羈，居宜切見；奇，渠羈切羣。證十五。

《肆師》：“及其祈珥。”注：“故書祈爲幾，杜子春讀幾當爲祈。玄謂祈當爲進機之機。”《釋文》：“祈及注機同巨既反。”羣。《説文》：幾，居衣切見。證十六。

《考工記·輈人》：“左不楗。”注：“杜子春云：楗，讀爲蹇。書楗或作券。”《説文》：楗，其獻切；券，渠卷切羣；蹇，九輦切見。證十七。

《禮記·緇衣》："《小雅》曰：匪其止共。"《釋文》："共音恭，皇本作躬，云躬恭也。"《説文》：共，渠用切羣；躬，居戎切見。證十八。

乙、見紐、羣紐字《説文》互讀，足徵見、羣古同聲也。此類之證有九：

《虍部》：虔，讀若矜，渠焉切羣。矜，居陵切見。證一。

《走部》：赳，讀若鐈，居黝切見。鐈，居嬌切羣。證二。

《走部》：趉，讀若無尾之屈，瞿勿切羣。屈，九勿切見。證三。

《糸部》：絇，讀若鳩，其俱切羣。鳩，居求切見。證四。

部首：䀠，讀若拘，又若"良士瞿瞿"，九遇切見。瞿羣。證五。

部首：瞿，讀若"章句"之句，又音衢羣。句，古侯切，又九遇切見。證六。

《肉部》：膹讀若譏，居衣切見。譏，巨衣切羣。證七。

《木部》：极，或讀若急，其輒切羣。急，居立切見。證八。

《厂部》：厱，讀若紟，巨今切羣。紟，居音切見。證九。

丙、一字具有見、羣二紐，足徵見、羣古同聲也。此類之證有二十：

《詩·小雅·庭燎》："夜如何其。"《釋文》："其，音基。"基見紐，其羣紐。《詩·曹風·候人》："彼其之子。"《釋文》："其，音記。記，居吏切見。"證一。

《詩·唐風·椒聊》箋云："今一捄之實。"《釋文》："捄，音求，又其菊反羣；何音掬，沈居局反見。"證二。

《詩·衛風·碩人》："葭菼揭揭。"《釋文》："揭揭，其謁反羣，徐居謁反見。"證三。

《詩·衛風·木瓜》："報之以瓊琚。"《釋文》：

"琚，音居見，徐又音渠羣。"證四。

《詩·鄭風·將仲子》傳："檀，彊忍之木。"《釋文》："彊，其良反羣，一音居良反見。"證五。

《詩·鄭風·清人》箋云："喬，矛矜近上及室題。"《釋文》："矜，字又作槿，同巨巾反羣，沈又居陵反見。"證六。

《詩·小雅·庭燎》："夜如何其。"《釋文》："其音基。"《廣韻》：其，渠之切羣。《説文》：基，居之切見。證七。

《爾雅·釋言》："疐，跲也。"《釋文》："跲，其業反羣，又居業反見。"證八。

《釋訓》："蹻蹻，憍也。"《釋文》："蹻蹻，郭居夭反見。案《詩·小雅》'小子蹻蹻'，音巨虐反羣。"證九。

《釋器》："斪斸謂之定。"《釋文》："斪，郭巨俱反羣，謝古侯、鳩于二反見。"證十。

又："絢謂之救。"《釋文》："絢，謝其俱反羣，孫九遇反見。"證十一。

《釋草》："藒藒，藒衣。"《釋文》："藒，居例反見。郭巨例反羣。”證十二。

《釋魚》：“鮥，當魱。”《釋文》：“鮥，具救反羣，又徐秋反。《字林》作鮥，音格見。”證十三。

又：“鱊鮬，鱖鯞。”《釋文》：“鱖，《字林》几綴見、巨月羣二反。”證十四。

《説文》部首：瞿，九遇切見，又音衢羣。故《説文》瞿聲之字，《手部》擢，居玉切見；《走部》趯，《行部》衢，均其俱切羣。證十五。

《説文》尾部：屈，九勿切見。《玉篇》：巨律切羣。《廣韻·八物》：屈，九月切見；屈，衢物切羣。屈，今書作屈，兩形實一字。故《説文》屈聲之字鶌、剾，均九勿切見，而掘、崛，均衢勿切羣。證十六。

《説文·木部》：橜，瞿月切瞿備見、羣二紐。《廣韻·十月》：橜，居月切見，又其月切羣。證十七。

《説文·兄部》：兢，居陵切見。《詩·小雅·無羊》，《釋文》：“兢兢，其冰反羣。”證十八。

《説文》部首：共，渠用切羣。《漢書·成帝紀》顔注：“共，音居用反見。”證十九。

《切韻》殘卷《十一陽》：僵，巨羊反羣，又居良反見。證二十。

丁、凡見紐字孳乳爲羣紐者，足徵見本通羣也。此類之證二十有九：

《説文》：畺，居良切見。畺聲之彊，强之籀文彊，勥之古文㢞，均巨良切。畺聲之鱷，渠京切羣。證一。

幾，居衣切見。幾聲之蟣、盭，均渠稀切。幾省聲之畿，巨衣切羣。證二。

其，居之切見。其聲之旗、期、綦、祺、淇、騏，均渠之切。惎、萁，均渠記切羣。證三。

斤，舉欣切見。斤聲之祈，渠稀切。旂，渠希切。蚚，巨衣切。近，渠遴切。芹，巨巾切羣。證四。

今，居音切見。今聲之鈐，巨今切。黔，巨淹切羣。證五。

金，居音切見。金聲之唫，巨錦切。荃，具今切。鈐，巨淹切。捦，巨今切羣。證六。

九，舉有切見。从九之馗，渠追切。九聲之肍，讀若舊。鼽、仇、馗、厹，均巨鳩切羣。證七。

丩，居虯切見。丩聲之觓、虯，均渠幽切羣。證八。

句，古侯切，又九遇切見。句聲之跔、翑、鴝、朐、邭、痀、軥，均其俱切羣。證九。

君，舉云切見。君聲之窘，渠隕切。莙，渠殞切。郡，渠運切。宭、帬、羣，均渠云切羣。證十。

雚，工奐切見。雚聲之權、䟡、蠸，均巨員切羣。證十一。

京，舉卿切見。京聲之倞，渠竟切。黥、勍，均渠京切羣。證十二。

甘，古三切見。甘聲之黚、拑，均巨淹切羣。證十三。

瞿，九遇切見。瞿聲之灈、臞，均其俱切。懼，其遇切羣。證十四。

建，居萬切見。建聲之鍵，渠偃切。健，渠建切。楗，其獻切羣。證十五。

己，居擬切見。己聲之忌，忌聲之誋，均渠記切。忌聲之跽，渠几切羣。證十六。

屈，九勿切見。屈聲之掘、崛，均衢勿切羣。證十七。

堇，《玉篇》居隱切見，《説文》巨斤切。又堇聲之瘽、廑，均巨斤切。殣、饉、僅、墐，均渠吝切羣。證十八。

貴，居胃切見。貴聲之蕢、韇、饋、樻、匱，均求位切羣。證十九。

季，居悸切見。季聲之痵、悸，均其季切羣。證二十。

巠，古靈切見。巠聲之痙，其頸切。鵛，仇成切羣。證二十一。

癸，居誄切見。癸聲之偠，其季切。騤、戣，均渠追切。楑、湀、揆，均求癸切羣。證二十二。

关，居券切見。关聲之拳，巨員切。卷聲之鬈，衢員切羣。證二十三。

吉，居質切見。吉聲之佶、鮚、姞，均巨乙切羣。證二十四。

禁，居蔭切見。从禁之襟，巨今切。禁聲之噤，巨禁切羣。證二十五。

既，居未切見。既聲之暨，其冀切羣。證二十六。

久，舉友切見。久聲之柩，巨救切羣。證二十七。

亟，紀力切見。亟聲之極，渠力切羣。證二十八。

敬，居慶切見。敬聲之檄，巨京切羣。證二十九。

戊、凡羣紐字孳乳爲見紐者，足徵羣本通見也。此類之證有八：

《説文》：局，渠緑切羣。局聲之挶，居玉切見。證一。

喬，巨嬌切羣。喬聲之驕、嬌，均舉喬切。撟，居少切見。證二。

豦，强魚切羣。豦聲之據，居御切見。證三。

强，巨良切羣。强聲之襁、繦，均居兩切見。證四。

求，巨鳩切羣。求聲之救，居又切。捄，舉朱切見。證五。

具，其遇切羣。具聲之俱，舉朱切見。證六。

及，巨立切羣。及聲之芨、伋、急、汲，均居立切見。證七。

共，渠用切羣。共聲之恭，俱容切見。證八。

已上所列八十四證，足以塙定見、羣二紐古通。上所列《説文》切語，均據大徐本。

古有舌上音說

錢大昕《養新録》五曰："舌音類隔之説不可信，古無舌頭、舌上之分。"觀錢所舉例證，知其所謂不分者，以爲古音皆舌頭，無舌上也。

定一謂：類隔不可信，是也；無舌頭、舌上之分，則非。攷古人實有舌上音，但不與舌頭類隔，猶古有輕脣音，但不與重脣類隔耳。《釋名·釋天》篇云："天：豫、司、兗、冀以舌腹言之，天，顯也，在上高顯也；青、徐以舌頭言之，天，坦也，坦然高而遠也。"按劉氏説舌頭，與錢氏同；劉氏説舌腹，即錢氏所云舌上。舌腹言之"天，顯也"，此謂舌上發出"天"字之聲爲"顯"也。舌頭言之"天，坦也"，此謂舌頭發出"天"字之聲爲"坦"也。舌上、舌頭爲何而分？劉氏已説明，豫、司、兗、冀與青、徐不同，其故在於地理之有别。

余攷《説文·一部》："天，顛也。"此以舌頭言之也。許君爲汝南召陵人，則豫人亦以舌頭讀天也。《禮記·緇衣》注：“天，當爲先字之誤。”《釋文》：“天，依注音先，西田反。”此以舌腹言之也。鄭君爲北海高密人，則青人亦以舌腹讀天也。是則許、鄭讀“天”，其分舌腹、舌頭，與劉説同，其所居地域，則與劉氏所云者有異。此蓋劉氏言其通語，而許、鄭乃一二人之小異也。許、鄭之所以異，或由“天”字之師讀不同，非許不能讀舌上音，亦非鄭不能讀舌頭音也。由斯而談舌上、舌頭之分，較然無可疑者。舌腹言之“天，顯也”，錢不能謂此爲舌頭，則錢説不攻自破矣！劉熙漢儒，《釋名》爲漢儒聲訓最精之書，居今日而談古音，當然以劉説爲準。

孔子曰：“無徵不信，不信民弗從。”兹特博攷經典，參稽字書，左諭古有舌上音，以明錢説之非是。張行孚《説文審音》卷三曰：“古音雖讀冲如童，未必重、蟲等字皆讀如童也，讀廛如壇，未必椽、殘等字皆讀如壇也。錢氏誤以可變之人聲，爲不變之天籟，故雖知後世聲音之學，妄生分別，而此條仍爲字母家所誤。即其古無輕脣音，亦然。”

一、德，古一作置。《易·繫辭上》：“有功而不德。”《釋文》：“德，鄭、陸、蜀才作置。鄭云：置當爲德。”定一按：德，諧悳聲。嚴可均謂：悳爲直聲。徐鍇曰：置，直聲。定一謂：悳、置諧聲同，故德一作置。鄭云置當爲德，以悳、置諧聲同也。《説文》：直，除力切；置，陟吏切，讀舌上。

二、調，古一作朝。《詩·周南·汝墳》：“未見君子，惄如調飢。”定一按：《説文·心部》“惄”下引《詩》曰：“惄如朝飢。”攷《説文》，“調”，徒遼切，讀舌頭；“朝”，陟遥切，讀舌上。

三、迭，一作戴，讀若秩。《詩·邶風·柏舟》：“胡迭而微。”《釋文》：“迭，待結反，《韓詩》作载，音同。”定一按：《説文·大部》：“戴，大也，从大、戥聲。讀若《詩》‘戴戴大猷’。直質切。”今《詩·小雅·巧言》作“秩秩大猷”。錢氏謂秩有迭音，可信。予則謂迭有秩音可信，更有失聲、乙聲可信。攷《説文》秩諧失聲，失諧乙聲。《切韻》殘卷《五質》：“失，識質反。”爲正齒音，其轉爲舌上，音相近。乙則於筆反，爲喉音。錢氏謂齒音古爲舌音，豈乙之喉音亦讀舌頭音乎？

四、特，古一作直。《詩·鄘風·柏舟》：“實維我特。”《釋文》：“特如字，《韓詩》作直，云相當值也。”《吕氏春秋·忠廉》：“特王子慶忌爲之賜而不殺耳。”注：“特，猶直也。”定一按：《説文》“特”，徒得切，讀舌頭；直，除力切，讀舌上。

五、薄，古一作竹。《詩·衛風·淇奥》：“緑竹猗猗。”《釋文》：“竹，萹竹也。《韓詩》竹作薄，音徒沃反，云：薄，萹筑也，石經同。”定一按：《説文》部首“竹”，陟玉切。《韓》作薄，讀舌頭；《毛》作竹，讀舌上。

六、搯，古一作抽。《詩·鄭風·清人》：“左旋右抽。”《釋文》：“抽，敕由反。”《説文》作“搯”，他牢反，抽刀以習擊刺也。王先謙曰：“三家抽作搯。”定一按：《説文·手部》：“搯，从手、舀聲。《詩》曰：左旋右搯。”土刀切，讀舌頭。抽，敕鳩切，讀舌上。《釋文》與《唐韻》明明抽、搯分二讀，而錢氏乃謂古讀抽如搯。以三家之搯讀《毛詩》之抽，家法不同，師讀自異。不知錢氏何所據也，斯爲臆斷矣。

七、疐，古一作躓。《詩·豳風·狼跋》：“載疐其尾。”《釋文》：“疐，本又作疌，丁四反，又陟值反。”王先謙曰：“《魯》作疐，《齊》作躓。作躓者，《韓詩》

也。”定一按：《説文·足部》“躓”下引“《詩》曰：載躓其尾。陟利切”。攷丁四反讀舌頭，陟利切，讀舌上。

八、堂，古一作棖。《詩·鄭風·丰》：“俟我乎堂兮。”箋云：“堂，當爲棖。”《釋文》：“堂，鄭改作棖，直庚反。”定一按：《切韻》殘卷《十二唐》“堂，徒郎反”，讀舌頭。此作棖，如陸音，讀舌上。《儀禮·鄉射禮》：“適堂西。”注：“今文曰適序西。”堂轉序，又讀正齒音，非舌頭也。

九、擣，古一作疛。《詩·小雅·小弁》：“惄焉如擣。”《釋文》：“擣，丁老反，心疾也。本或作㿒，同。《韓詩》作疛，除又反，義同。”定一按：擣如陸音，讀舌頭。《説文·疒部》：“疛，小腹病。从疒，肘省聲，讀若紂。”《切韻》殘卷《四十一有》：“肘，陟柳反。紂，直柳反。”均讀舌上，無讀舌頭者。

十、碓，本一作椎。《周禮·地官·鼓人》：“以金錞和鼓。”注：“錞，錞于也，圜如碓頭。”《釋文》：“碓，音對。本又作椎，直追反。”定一按：碓，讀舌頭；椎，讀舌上。

十一、痺，本一作滯。《周禮·地官·泉府》：“貨之滯於民用者。”注：“故書滯爲癉。杜子春云：癉，當爲滯。”《釋文》：“癉音旦，又丁左反。”定一按：癉如陸音，讀舌頭。孜《周禮·地官·廛人》“凡珍異之有滯者”，注：“故書滯或作廛。”《説文》：滯，直例切，廛，直連切，皆讀舌上。

十二、壇，古讀爲廛。《周禮·地官·載師》：“以廛里任國中之地。”注：“故書廛或作壇。鄭司農云：壇，讀爲廛。”又《序官·廛人》注：“故書廛爲壇。杜子春讀壇爲廛。”《釋文》：“廛，直連反。”定一按：杜、鄭止云壇讀廛，錢乃云古讀廛如壇，其文顛倒，其實不符，斯爲謬矣。孜亶聲字，有讀廛者，舌上音。《説文》“鸇”籀文从廛作鸇，是也。有讀旦者，舌頭音。《説文》“靼”古文从亶作韇，是也。有讀膳、讀羴者，正齒音。《儀禮·聘禮》：“使者載旜。”注：“古文旜皆爲膳。”《説文》“羴”或从亶作羶，是也。有讀馨者，喉音。《禮記·祭義》注“羶，當爲馨，聲之誤也”，是也。一字四聲具備，非皆讀舌頭音也。錢氏謂古無舌頭、舌上之分，能謂古無舌、齒、喉之分乎？人皆知其不然也。

十三、甸，古讀爲敶。《周禮·地官·稍人》注“丘乘，四丘爲甸。甸，讀與‘惟禹𤨏之’之‘𤨏’同”。定一按：《説文》：甸，堂練切，讀舌頭；𤨏，直刃切，讀舌上。

十四、禂，古一讀誅。《周禮·春官·甸祝》：“禂牲禂馬。”注：“杜子春云：禂，禱也。爲馬禱無疾，爲田禱多獲禽牲。《詩》云：‘既伯既禱。’《爾雅》曰：‘既伯既禱，馬祭也。’玄謂：禂，讀如伏誅之誅，今侏大字也。”《釋文》：“禂，一音誅，一音禱。侏，一音誅。”錢大昕曰：“後鄭讀禂爲誅，是漢時誅、侏亦讀舌音。”定一按：鄭讀與杜注不同。攷《切韻》殘卷《三十晧》：禂、禱，均都浩反，讀舌頭。此杜讀也。《十虞》，誅，陟輸反，讀舌上。此鄭讀也。不能以杜、鄭同讀一禂字，即謂鄭讀誅與杜注禱同音，後鄭不讀禂爲禱而讀爲誅，當然是禱、誅異音。元朗云禂一音誅、一音禱，分别尤爲明白。錢氏以爲誅、侏皆讀舌頭音，可謂武斷矣。

十五、都，古一作豬。《周禮·夏官·職方氏》注：“《禹貢》曰：滎播既都。”《釋文》：“都，張魚反。本或作豬。”又注：“望諸，明都也。”《釋文》：“明都，《禹貢》作孟豬，今依《書》讀。”《禮記·檀弓下》：

“洿其宮而豬焉。”注：“豬，都也。南方謂都爲豬。”《釋文》：“豬，音誅。”定一按：《史記·夏本紀》“大野既都，又被明都”，索隱：“明都，音孟豬。”《書·禹貢》“大野既豬”，傳：“水所停曰豬。”《釋文》：“豬，張魚反。馬云：水所停止深者曰豬。劉東胡反。”又“被孟豬”，《釋文》：“孟豬，張魚反，又音諸，《左傳》《爾雅》皆作孟諸。”攷《説文》都，當孤切，讀舌頭。《切韻》殘卷《九魚》，猪，陟魚反。猪即豬字，讀舌上。檢《説文》者聲之字，讀舌上音者五字，豬、箸、觰、楮、褚是也；讀舌頭音者八字，睹、都、睹、瘏、屠、闍、堵、陼是也；讀正齒音者八字，者、書、翥、鬻、暑、署、奢、渚是也；讀齒頭音者一字，緒是也。凡此諸文，不皆讀舌頭音。其最可據者，《説文》楮之重文爲柠，柠諧宁聲，丑吕切，《切韻》殘卷《九魚》宁，直魚反，又直吕反，均舌上音。偏覽宁聲字，有眝、羜、宔、貯、紵、眝，無讀舌頭音者。許君既楮、柠同字，此漢時者聲字一讀舌上之鐵證也。

十六、待，古一作持。《周禮·夏官·服不氏》：“以旌居乏而待獲。”注：“杜子春云：待當爲持，書亦或爲持。”《儀禮·公食·大夫禮》：“左人待載。”注：“古文待爲持。”定一按：《切韻》殘卷《十五海》：待，徒亥反，讀舌頭；《七之》：持，直之反，讀舌上。

十七、獨，古讀爲濁。《周禮·秋官·序官》“壺涿氏”注：“涿，擊之也。故書涿爲獨。鄭司農云：獨讀爲濁，其源之濁，音與涿相近，《書》亦或爲濁。”《釋文》：“涿，陟角反，又音濁。”定一按：《説文》：涿，竹角切。《切韻》殘卷《四覺》：濁，直角反。《莊子·盜跖》，《釋文》：“涿鹿音卓，本又作濁。”證明均讀舌上。

十八、轛，古讀如綴。《周禮·冬官·考工記》：“輿人參分軹圍，去一以爲轛圍。”注：“鄭司農云：轛，讀如繫綴之綴。”《釋文》：“轛，音對，又張歲反。李一音都回反。綴，張歲反。”定一按：音對，讀舌頭；張歲反，讀舌上。

十九、古文託爲宅。《儀禮·士相見禮》：“宅者在邦。”注：“今文宅爲託。”定一按：《説文》：託，他各切，讀舌頭。《切韻》殘卷《十九陌》：宅，場陌反，讀舌上。

二十、古文對作綴。《儀禮·士喪禮》"綴足"，注今文綴爲"對"。定一按：《説文》：對，都隊切，讀舌頭。《儀禮·大射儀》《釋文》：綴，陟衛反，讀舌上。

二十一、隊，本一作墜。《禮記·檀弓下》："退人若將隊諸淵。"《釋文》："隊，本又作墜，直媿反。"定一按：《説文》：隊，徒對切，讀舌頭；作墜，讀舌上。

二十二、適，讀爲敵，又爲讁。《禮記·雜記上》："大夫訃於同國，適者曰。"注："適，讀爲匹敵之敵。"《釋文》："適，依注音敵，大歷反。"又《昏義》："適見於天，日爲之食。"《釋文》："適，直革反。下注同。責也。"定一按：陸讀適直革反，是讀適爲讁。《説文·言部》："讁，罰也，陟革切。"陟知紐字，直澄紐字，在舌上。攷《説文·水部》："滴，从水、啻聲，讀若𧁾，竹隻切。"據此，許君時啻聲之字，即讀與知聲字同，在舌上，智聲字不在舌上者，僅一䚢字，讀正齒，非舌頭音也。錢君不能謂滴，讀舌頭，則从啻之𧁾字，非舌頭音明矣。是則適見之適，讀舌上，自無疑焉。

二十三、度，本一作宅。《禮記·坊記》："《詩》云：考卜惟王，度是鎬京。"《釋文》："度，徒洛反，注同，《毛詩》作宅。”《史記・夏本紀》：“三危既度。”索隱：“度，劉伯莊音田各反，《尚書》作宅。”定一按：度，徒洛反，又田各反，讀舌頭。《説文》：宅，場伯切，讀舌上。

二十四、懥，本一作懫。《禮記・大學》：“身有所忿懥，則不得其正。”注：“懥，或作懫，或作疐。”《釋文》：懥，勑值反，范音稚，徐丁四反，又音勩；懫音致，疐音致，又得計反。定一按：得計、丁四反，讀舌頭。《説文・夊部》：致，陟利切，讀舌上。

二十五、朾，古一作檉。《公羊傳》僖元年：“公會齊侯、宋公、鄭伯、曹伯、邾婁人于朾。”《釋文》：“朾，勑貞反，又他丁反。《左氏》作檉。”定一按：他丁反，讀舌頭。《左傳》僖元年《釋文》：“檉，勑呈反。”《説文》：檉，敕貞切。讀舌上。

二十六、犆，古一讀直。《穀梁傳》隱十一年：“犆言同時也。”《釋文》：“犆，音特，獨也，本或作特。”《禮記・玉藻》：“君羔幦虎犆。”注：“犆，讀皆如直道而行之直。”《釋文》：“犆，依注音直。”定一按：音特，在舌頭，讀直，在舌上。錢云古音直如特，與《穀梁》

釋文合，與《禮記》鄭注相背，鄭讀固古於陸音也。

二十七、鐵，古一作秩。《穀梁》哀二年："戰于鐵。"《釋文》："鐵，他結反。"《公羊傳》哀二年："戰于栗。"《釋文》："栗，一本作秩，二傳作鐵。"定一按：他結反，讀舌頭。《書·堯典》"平秩"，《史記·五帝紀》作"便程"，秩與程通，程諧呈聲。《説文》：程、呈，皆直貞切，讀舌上。

二十八、天，古讀爲鎮、爲陳、爲珍。《爾雅·釋天》釋文："《禮統》云：天之爲言鎮也，神也，陳也，珍也。施生爲本，運轉精神，功效列陳，其道可珍重也。"定一按：《切韻》殘卷《十七真》：鎮，陟鄰反，又陟刃反；珍，陟鄰反；陳，直珍反。皆讀舌上，非舌頭也。

二十九、天，古讀若鎮。《爾雅·釋天》釋文："《春秋説題辭》云：天之言鎮也，居高理下，爲人經緯，故其字一大以鎮之也。"定一按：《説文》：鎮，陟刃切，讀舌上。

三十、田，古一作陳。《史記·齊世家》："田常弑簡公。"定一按：田常者，陳恒也。《論語·憲問》："陳成子弑簡公，孔子沐浴而朝，告於哀公曰：陳恒弑其君。"是也。錢氏曰：古讀陳如田。定一謂：孔子稱陳而馬遷稱田，此是古讀舌上而後轉讀舌頭之證。《説文》部首："田，陳也。"陸德明曰：見《詩·豳風·東山》釋文。"古田、陳聲同。"以田、陳皆舌聲，故云聲同。陸又云：見《東山》釋文。"窴音田，又音珍，一音陳。"既分田、珍、陳爲三音，則田與陳究有别，蓋以一爲舌頭，一爲舌上也。攷《禮記·聘義》："天下有事，則用之於戰勝。"注："勝，或爲陳。"《説文·自部》："陳，申聲。"申、勝雙聲，故陳一作勝。田之訓陳，猶田之作敶也。錢以今音田字待年切讀陳，失之矣。

三十一、悼，古本作卓。《史記·晉世家》："里克弒悼子于朝。"定一按：《公羊傳》僖十年："里克弒卓子。"攷《説文》：悼，徒到切，讀舌頭；卓，竹角切，讀舌上。

三十二、㐁，一讀若沾。《説文·谷部》："㐁，古文丙，讀若三年導服之導。一曰：竹上皮，讀若沾。一曰：讀若誓。"定一按：《説文》：導，徒皓切，讀舌頭。《切韻》殘卷《廿一鹽》：沾，張廉反，讀舌上。《説文》：誓，時制切，讀正齒。錢氏云古人多舌音，後代多變爲齒音。如錢言，許君譔《説文》時，因字不必有三讀矣。其所以作若導、若沾、若誓之分者，以舌頭、舌上、正齒，當時讀者有此區别也。

三十三、𢇍，从𢆶爲古文叀，叀之中聲讀若徹。《説文·斤部》："𢇍，古文斷，从𢆶。𢆶，古文叀字。"定一按：部首："叀，从幺省；屮，財見也；屮亦聲。"𡳾部首中，古文或以爲艸字，讀若徹，丑列切。定一謂：斷，徒玩切，讀舌頭。叀中讀舌上，許君明言屮爲古文，讀若徹，錢氏能謂屮亦舌頭音乎？

三十四、䞓，或从丁作赬，一从貞作赬。《説文·赤部》："䞓，赤色也，从赤、巠聲。《詩》曰：魴魚䞓尾。敕貞切。赬，䞓或从貞，𧹞或从丁。浾，泟或从正。"定一按：《切韻》殘卷《十六青》：丁，當經切，讀舌頭。《説文·卜部》：貞，陟盈切，讀舌上。部首：正，之盛切，讀正齒。一字重文，明明三讀也。

三十五、兜，本一作株。《文選·東都賦》："四夷間奏，德廣所及，傑佅兜離，罔不具集。"善注："《孝經鉤命決》曰：東夷之樂曰佅，南夷之樂曰任，西夷之樂曰株離，北夷之樂曰傑。毛萇《詩傳》曰：東夷之樂曰韎，南夷之樂曰任，西夷之樂曰朱離，北夷之樂曰禁。然説樂是一，而字並不同，蓋古音有輕重也。兜，丁侯切。”定一按：《公羊傳》昭公二十五年解詁：“舞四夷之樂，大德廣及之也。東夷之樂曰株離，南夷之樂曰任，西夷之樂曰禁，北夷之樂曰昧。”《釋文》：“株，音誅。”班《賦》作兜，讀舌頭。毛《傳》作朱，《解詁》《鉤命決》作株。《切韻》殘卷《十虞》：株、誅，均陟輸反，讀舌上。或曰：焉知株、朱不讀舌頭，與兜一致？定一謂：非也。據善注所云，兜與株、朱音分輕重，自然重者爲舌頭，爲兜，輕者爲舌上，爲株、朱。倘株、朱亦讀舌頭，則無輕重之可言也。此足判明兜、株不一讀，舌上、舌頭確係兩音，且皆爲古音也。

以上所舉三十五字，已足證明古有舌上音。其一字兼有舌頭、舌上兩音者，則《釋名》“天”字有明文，可覆按也。錢氏不知古音一字可同時有舌頭、舌上兩讀，錢氏忘《釋名》，亦忘《説文》有囟字。何也？知者千慮，必有一失，殆此之謂乎！

定一攷字古有舌上、舌頭兩音者甚多。《詩·召南·行露》箋云：“乃以昧。”《釋文》：“昧，本亦作噣，郭張救反，何都豆反。”又《鵲巢》箋云：“滿者，言衆媵姪娣之多。”《釋文》：“姪，待結反。《字林》丈一反。”又《豳風·鴟鴞》：“迨天之未陰雨。”《釋文》：“迨，音待，徐又勑改反。”又《小雅·南有嘉魚》：“烝然罩罩。”《釋文》：“罩罩，張教反，徐又都學反。《字林》竹卓反。”又《蓼蕭》：“鞗革沖沖。”《釋文》：“沖沖，直弓反，徐音同，又音勑弓反。”《左傳》僖二十二年：“蠭蠆有毒。”《釋文》：“蠆，《字林》丑介反，又音他割反。”《爾雅·釋天》：“在申曰涒灘。”《釋文》：“灘，本或作攤，郭勑丹、勑旦二反。《字林》大安、他安二反。”《莊子·天地》篇：“怊乎若嬰兒之失其母也。”《釋文》：“怊，音超，徐尺遥反，郭音條。”《則陽》篇：“冬則擉鼈于江。”《釋文》：“擉，初角反，又敕角反，郭音觸，徐丁緑反，一音促。”《切韻》殘卷平聲《四江》：橦，宅江反，又徒東反。《十一模》：荼，度都反，又宅加反。《二仙》：驙，張連反，又徒安反。《六豪》：裯，都勞反，又逐抽反。上聲《四十九鎌》：湛，徒減反，又徒感反，又直心反。入聲《五質》：窒，陟栗〔反〕，又丁結反。其他類此者不少。此所引吕忱、郭象、郭璞、徐邈之音，四君魏晉時人，去漢不遠，多古音也。至陸生《切韻》，古今音樞紐，韻學之有《切韻》，猶字書之有《説文》。陸之反語，有舌頭、舌上兩讀，足爲古有舌上音之明證。錢氏邃於音學，乃將《釋文》《切韻》濺泧不提，亦可怪也。

錢玄同曰：見致黎錦熙書。“單就豬、都等字，錢氏這樣説過來，符氏那樣説過去，都説得通。但此皆書本上的材料也，單單就一個字的考證也，縱令錢説此字不錯，仍不足以證明古無舌上音也。其他諸説皆準此，故余對於符氏新説，當與錢氏舊説同樣看待，認爲都可以成立，而亦都可以反駁，因其都是書本的材料，而論證法彼此亦相同也。錢説既足供吾人之參考，符説自亦同此，余勸符公不必多所遲疑，其兩文儘可發表，因爲站在他的立場上，其説當然可以成立也。”

定一按：錢大昕説風行海内已二百年，鄒漢勛、章炳麟、黄侃、錢玄同祖述其言，垂爲師法。玄同君能承認余之新説與大昕並立，可謂虚懷從善矣。但余之立説有尚須申明者，即論證法與錢大昕不同。夫論證法者，名學論理學。方法之一也。錢之論斷以名學繩之，大體陷於謬妄，無所謂論證法也。余之論斷則一一求與名學相應，無不與論證法合符。

玆特舉三事，就名學以正之：

一，上述《周禮·載師》注杜、鄭讀壇爲廛，《甸祝》注禂讀如誅，在名學斷定上，係甲爲乙。錢云古讀廛如壇，又謂誅讀舌上，則係乙爲甲。主主詞賓賓詞轉換可也，外延異而内容乖，壇有不讀廛者，禂有不讀誅者。則大誤也。定一言壇古讀爲廛，禂古一讀誅，與杜、鄭之斷定相符，自不誤。

二，《周禮·師氏》注："故書中爲得。"《太卜》注："陟之言得也。"《説文》："沖，讀若動。"此等字之於古音，在名學斷定，係某某甲爲乙，而錢據此以爲古舌上音皆讀舌頭，則係凡甲爲乙。賓詞未更，而主詞由不周衍而變爲周衍，此大誤也。定一言特古一作直，擣古一作疛，疐古一作躓，乃係某某甲爲乙，自不誤。

三，總而言之，據名學單式正體演繹法規則，凡概念在前提不周衍者，不得在決論周衍。錢氏所舉例證三十字，在古音範圍中爲數甚微，假令此三十字全非舌上音，以斷定類别求之，係特特謂不全也。稱否定，而錢氏之意乃謂古音無舌上，則爲全稱否定。按之演繹法公式，即大前提凡乙非丙，猶言凡舌頭音非舌上音。小前提某某甲爲乙，猶言某三十字爲舌頭音。決論故凡甲非丙。猶言凡古字非舌上音。此式因小前提主詞不周衍，而決論之主詞忽周衍，決論逸出於前提範圍之外，陷於妄用概念之過，此大誤也。定一所舉五十字，證古有舌上音，此五十字確爲古字，本讀舌上音，則古有舌上音，憭無疑義。按之演繹法公式，即大前提凡丙爲乙，猶言天顯也爲舌腹聲。小前提某某甲爲丙，猶言古音中有天顯也。決論故某某甲爲乙。猶言故古音中有舌腹聲。此式爲演繹作法之正體，毫無謬誤。

由是觀之，錢氏論斷與余相殊。錢説可反駁者，未見余説亦可反駁也。善乎！黎君錦熙曰：錢氏所舉數十字，即字字皆實，亦不足證明古無舌上音，玄同氏亦有此言，見上。何者？“古無之域廣，遇有一字讀舌上，即不得謂之無矣。符氏所舉數十字，衹要有一字不虚，即足證明古有舌上音。何者？古有之域狹，得一字讀舌上，即不能否認其有矣！”黎君言止，此最爲明快。定一謂：一字讀舌上，當然易得，如上所述《釋名》天字，任何人不能否認其有舌上音，亦任何人不能否認其同時有舌上、舌頭兩讀。何者？劉氏已明説舌腹言之、舌頭言之矣，此固無疑義者也。夫天字古有舌上音既無疑義，則天字之外五十證，即令有可反駁者，而天字舌上音之不能否認自在也，夫於是古有舌上音之説，鐵案如山，不能動矣！

吾因玄同氏提出論證法，遂依名學程式求得正確之決論，於以證明古無舌上音説之謬妄。錢曉徵、鄒叔績、章太炎、錢玄同諸人皆未習名學，故皆不知其説之謬妄，時爲之也。今之聲韻學家，深知名學者尚鮮，或猶有人囂囂然曰錢大昕之説不誤也，則演繹法不瞭解，無法使之覺迷，終其身妄而已矣！幸黎君猶及知之，後之人當有洞達名學者，自以余言爲不謬也。

或曰：無舌上音者，今有之乎？余曰：有之。福建人如閩中、閩南人無舌上音，余曾以《切韻攷外篇》所列知、徹、澄三聲類諸字，請閩侯林君、惠安李君分次以本籍音偏讀之，無發舌上音者，但二君以北京音讀此三類字，仍發出舌上音。除楮、褚字讀如北京音舉，爲牙音，癡字讀如北京音妻，爲正齒音，餘無不讀舌頭音者。柱字讀如北京音聚，爲正齒音，但説話仍爲舌頭音。閩北人則微異，建甌李君距浙百里許，讀徹紐仍發舌上音，與官話相似。

或又曰：福建之閩中、閩南既無舌上音，安知古人不皆如福建人乎？余曰：今之閩中、閩南人遇舌上音字讀舌頭，今之浙江人，與福建人爲鄰，遇舌上音字均讀舌上，且今之中國人如浙江人之讀舌上音者，十居八九，如閩中、閩南人之無舌上音者，不及十之一，何所見古人皆如福建人而不如浙江人乎？

或又曰：福建之閩中、閩南人，何以舌上音讀舌頭？余曰：此猶劉熙所説豫、司、兖、冀以舌腹言天，而青、徐以舌頭言天也。閩中、閩南如青、徐，浙江如豫、司、兖、冀，其事相類。不能謂今之中國人，皆如閩中、閩南人無舌上音焉，能謂古之人皆如閩中、閩南人讀舌頭音乎？是故謂古無舌上音者，證之今方言，而益知其非也。

古有輕脣音説

《養新録》卷五曰：“古無輕脣音，凡輕脣之音，古讀皆爲重脣。”定一按：此説當分别言之。今之輕脣音，古有讀重脣者，若謂凡輕脣音古皆讀重脣，則與事實不符，而其説不可信。

《山海經·大荒西經》云：“有獸，左右有首，名曰屏蓬。”郭注：“即并封也，語有輕重耳。”定一攷《海外西經》云：“并封，在巫咸東，其狀如彘，前後皆有首，黑。”據《切韻考外篇》：并封，非紐，輕脣音也；屏蓬，並紐，重脣音也。《山海經》作於禹、益，畢沅序考之甚詳。《海外西經》在古本十三篇之内。此經作“并封”，則古音有輕脣之鐵證也。假令《山海經》非禹、益作，而司馬遷《大宛傳》明言“《禹本紀》《山海經》所有怪物”。至劉秀奏上其書，且明言《山海經》“凡三十二篇，今定爲一十八篇”。遷、秀皆西漢時人，二君見《山海經》，則《山海經》必出漢以前無疑。漢以前之書，自足以證古音。

或曰：焉知“并封”不讀重脣？曰：此則郭璞當西晉末所認定。郭言“語有輕重”，“屏蓬”爲重，當然“并封”爲輕。《漢書·藝文志》，《山海經》十三篇，無《大荒經》在内，依畢序所考，《大荒經》四篇是劉秀所增。彼經作“屏蓬”，則漢以前輕脣音字，至漢轉爲重脣音矣。郭璞去漢不遠，專精《爾雅》《方言》，古語聲音之轉變，較知其審。彼注《山海經》，言語有輕重，是古有輕脣音之明文，可考于今者也。

夫輕重之分，出於自然者也。以文字學攷之，同一字也，同一脣音也，讀之或輕或重，厥有數因，或由方言之異，或緣聲音之變，或以師讀之殊，非盡關乎時代之變遷，可以古無而今有也。請分述之：

一，曷言乎方言之異，因而有輕重也？《爾雅·釋言》：“煅，火也。”《釋文》：“煅，音毁。”李尋云：“煅，一音火。”孫炎云：“方言有輕重，故謂火爲煅。”郭云：“煅，齊人語。”《史記·東越傳》：“不戰而耘。”集解：“徐廣曰：《漢書》作殞。耘義當取耘除。或言耘音于紛反，此楚人聲重耳，隕、耘當同音。但字有假借，聲有輕重。”今考火、燬曉紐，隕、耘爲紐，均喉音字。孫炎謂火、燬有輕重，徐廣謂隕、耘有輕重，無異謂喉音有輕重也。定一謂：喉音有輕重，脣音亦有輕重。《釋名·釋天》篇：“風，兗、豫、司、冀横口合脣言之，風，氾也，其氣博氾而動物也。青、徐言風，踧口開脣推氣言之，風，放也，氣放散也。”横口合脣，重脣也；踧口開脣推氣，輕脣也。是古人言“風”有重脣、輕脣之别，由于兗、豫、司、冀與青、徐之方言不同也。此一證也。

《漢書·天文志》：“奢爲扶。”鄭氏曰：“扶當爲蟠，齊、魯之間聲如酺。酺、扶聲近。”扶輕脣，《切韻》殘卷：扶，附夫反。酺重脣。《切韻》殘卷：酺，薄胡反。齊、魯之間扶聲如酺，輕脣讀爲重脣也，猶之齊人喉音輕，故火讀爲燬。且鄭氏明言“齊、魯之間聲如酺”，可見非齊、魯則聲不如酺矣。鄭氏明言“酺扶聲近”，則非聲同可知。《詩·東山》箋：“古者聲栗、裂同也，又古者聲寘、填、塵同也。”《常棣》箋：“古聲填、寘、塵同。”葢謂扶輕脣，酺重脣也。錢氏未細審鄭氏曰三語，故誤扶爲重脣。又一證也。

《爾雅·釋器》曰：“不律謂之筆。”《説文·聿部》

曰："吴謂之不律，燕謂之弗，秦謂之筆。"弗、筆同物，弗輕脣也，《切韻》殘卷：弗，分物反。筆重脣也。《説文》：筆，鄙密切。燕謂之弗者，燕人輕脣，秦謂之筆者，秦人重脣也。又一證也。

許解弗、筆，鄭釋扶、酺，劉分氾、放，孫説火、燬，徐訓隕、耘，其關鍵皆在方音之輕重。但孫、徐分輕重，其字屬喉音，許、鄭、劉分輕重，其字屬脣音，其理固一貫也。推而上之，《方言》五云："僉，自關而西謂之棓，郭注：蒲項反。或謂之柫。郭注：音拂。"《方言》十云："桂林之中謂短罷，罷，通語也，郭注：罷，蒲揩反。東陽之間謂之府。曹憲《博雅音》：府，附俱、付禹二反。"棓轉爲拂，罷轉爲府，不過重脣、輕脣之變耳，此方言有輕重之説也。戴震曰［《荅若膺論韻》］："凡五方之音不同，古猶今也。"又曰："人之語言音聲，或此方讀其字洪大，彼方讀其字微細。"與余説合。

二，曷言乎聲音之變，因而有輕重也？《爾雅·釋鳥》："鴔鵖，戴鵀。"郭注："鴔鵖，猶鶝鶝，語聲轉耳。"考《釋文》：鴔，《字林》方立反。鵖，《字林》房立反。輕脣音也。又《釋文》：鶝，皮逼反，鶝音逼。重脣音也。鴟鵄猶鴞鴟，輕脣轉重脣也。《爾雅·釋詁》：“苞、茂，豐也。”《釋文》：“苞，百交反。”《説文》：茂，莫候切，重脣音也。《切韻》殘卷：豐，敷隆反，輕脣音也。苞、茂之爲豐，重脣轉輕脣也。《説文·生部》：丰，艸盛丰丰也，《切韻》殘卷：丰，敷容反，又扶風反。輕脣音也。孳乳爲奉、爲夆、爲逢、爲湊、爲縫、爲蠭、爲鏠，皆輕脣音也。孳乳爲玤、爲蚌、爲邦、爲蓁、爲琫、爲蓬，則輕脣轉重脣矣。定一按：父之孳乳，爲斧、爲釜、爲甫、爲俌、爲輔、爲莆、爲尃、爲敷、爲傅，轉重脣則爲布、爲圃、爲哺、爲浦、爲鋪、爲補、爲溥、爲薄。不之孳乳，爲芣、爲否、爲涺，轉重脣則爲丕、爲伾、爲駓、爲桮。复之孳乳，爲復、爲腹、爲複、爲馥，轉重脣則爲鰒。非之孳乳，爲斐、爲婓、爲騑、爲腓、爲剕，轉重脣則爲裴、爲排、爲俳、爲輩。分之孳乳，爲芬、爲汾、爲紛、爲氛、爲枌，轉重脣則爲盆、爲貧、爲份、爲頒、爲邠。方之孳乳，爲芳、爲仿、爲紡、爲房、爲舫、爲妨、爲防，轉重脣則爲旁。反之孳乳，爲販、爲仮、爲返、爲飯、爲阪，轉重脣則爲叛、爲眅、爲版、爲汳。文之孳乳，爲彣、爲汶、爲駇，轉重脣則爲枚、爲玟、爲旻、爲閔。楙之孳乳，爲樊、爲礬，省爲煩，轉重脣則爲攀。與上爲同類。

《説文》：釆，辨别也，讀若辨。重脣音也。孳乳爲譒、爲播、爲潘、爲鄱，皆重脣音也。孳乳爲璠、爲蕃、爲藩、爲幡、爲旛、爲繙，則重脣轉輕脣矣。定一按：畐之孳乳，爲匐、爲楅、爲堛、爲愊，轉輕脣則爲福、爲富、爲蝠、爲輻。賁之孳乳，爲噴、爲債、爲歕，省聲爲奔，轉輕脣則爲蕡、爲憤、爲墳，省聲爲蕵。與上同類。

凡此諧聲同而輕重異者，蓋聲音之流變生此差池也。此聲變分輕重之説也。戴震曰："音之流變無定方，或一人語言，此時言之洪大，移時而言之微細。"鄒漢勛曰："字紐猶均類，有古本音，有流變。"見《五均論》，與余説合。

三，曷言乎師讀之殊，因而有輕重也？《説文·丵部》："菐，賦事也。从丵，从八。八，分之也。八亦聲，讀若頒。一曰：讀若非。"讀若頒，重脣也；讀若非，輕脣也。一曰者，師讀不同也。此一字分輕重兩讀之塙證。如錢説，非爲重脣，則許不必箸兩讀矣。若云頒讀班布之班，在元部，非在脂部，異韻故分兩讀。然韻部之分在後，而雙聲之用在前。菐之兩讀，當然爲輕重脣音之分。《詩·周頌·敬之》："佛時仔肩。"《釋文》：佛，毛符弗反，輕脣也；鄭音弼，重脣也。又《大雅·江漢》："淮夷來鋪。”《釋文》：鋪，普吴反，重脣也；徐音孚，輕脣也。又《小雅・小旻》：“民雖靡膴。”《釋文》：膴，徐云鄭音謨，重脣也；鄭又音武，沈音無，輕脣也。又《小旻》：“或聖或否。”《釋文》：否，方九反，輕脣也；徐音鄙，重脣也。又《大雅・靈臺》：“鼉鼓逢逢。”《釋文》：逢，薄紅反，重脣也，徐音豐，輕脣也。《方言》注：蠭音蜂，爲輕脣。又《韓奕》：“炰鼈鮮魚。”《釋文》：炰，鄭薄交反，重脣也；徐甫九反，輕脣也。又《蕩》：“曾是掊克。”《釋文》：掊，蒲侯反，重脣也；徐又甫垢反，輕脣也。又《小雅・采菽》：“其旂淠淠。”《釋文》：淠淠，匹弊反，重脣也；徐孚蓋反，又芳計反，輕脣也。《易》“豐亨”，《釋文》：豐，芳忠反，輕脣也；《字林》匹忠反，重脣也。《書・洛誥》：“乃惟孺子頒朕不暇。”《釋文》：頒，音班，重脣也；徐甫云反，輕脣也。又《洛誥》：“伻來以圖及獻卜。”《釋文》：伻，普耕反，重脣也；徐敷耕反，又甫耕反，輕脣也。又《洪範》：“庶草蕃廡。”《釋文》：廡，無甫反，輕脣也；徐莫杜反，重脣也。

凡此所舉字，輕重脣音之分，皆由於各家讀法而異。

其中佛字，毛讀輕脣，鄭讀重脣；鋪、逢、掊、淠、頒、伴諸字，徐讀輕脣，陸讀重脣。則是前人輕脣音而後人爲重脣也，與錢氏所説者正相反。雖毛公反語，或未必出自本人，而徐邈在孫炎之後，其爲本人反語無可疑者。此師讀分輕重之説也。定一按：《書·武成》釋文：漂，徐敷妙反，又匹消反。《爾雅·釋草》釋文：秠，《字林》匹几、匹九、夫九三反。《説郛》引《字林》：否，俯九反，可否；又音鄙，臧否。《玉篇》：畐，普遇、扶六二切。《切韻》殘卷：麋，靡爲反，又武悲反；夢，莫忠反，又武仲反；鋪，撫夫反，又普胡反；番，孚袁反，又匹袢反。均一字分輕重兩聲，當亦師讀不同之故，此與上同類。戴震曰："或共一方，而此人讀之洪大，易一人讀之又微細。"與余説合。

綜覈上列三例證，知今人讀重脣者，古人未必不讀輕脣，今人讀輕脣者，古人未必讀重脣，即有讀重脣者，亦未必不兼讀輕脣。其所以有輕重兩讀者，其緣由不出乎三例證之所述。明乎此，則錢氏所舉輕脣皆讀重脣之字，或出于方言，或緣于聲變，或限于師讀，不可執一槩而相量也。

何能據一字之某師讀爲重脣，遂謂其字無輕脣音，又何能據數字之某師讀爲重脣，遂謂其時所有字皆無輕脣音，何者?

一字既可有輕脣、重脣兩讀，各字讀法又不相同，假令錢氏所舉字果皆讀重脣矣，果皆不讀輕脣矣，而錢氏所未舉之字，固無從斷其必讀重脣，亦無從斷其不讀輕脣也。況就錢氏所舉字而略考之，《史記·天官書》索隱："茀，音佩。"《漢書·谷永傳》顏注："茀與孛同音，步内反。"錢氏遂謂古讀茀如孛，其實此不過一師讀也。《詩·大雅·卷阿》釋文："茀，沈云毛音弗，徐云鄭音廢。一云：毛方味反，鄭芳沸反。"則又一師讀也。毛、鄭反語，不能確證其出自本人，而音則較然可據。《釋文·序録》載爲《詩》音者九人，鄭玄居首，鄭音已有明文，毛之音當係鄭玄音中所述，故沈得據以爲説。今攷毛、鄭反語，與毛、鄭音合，均爲輕脣，則反語亦有所本。毛、鄭在前，讀茀輕脣，顔師古、司馬貞在後，讀茀重脣。《書·堯典》"方鳩僝功"，《説文》兩引方作旁，《儀禮·士喪禮》注"今文旁爲方"，錢氏遂謂古讀方如旁。其實此不過一師讀也。《詩·漢廣》傳："方，泭也。"《釋文》："泭，芳于反。"《谷風》釋文："泭，音孚。"《切韻》殘卷："方，府良反。"則又一師讀也。許、鄭在後，讀方重脣，毛在前，讀方輕脣。

觀陸“泭，音孚”可知。且《釋名》明言：“踧口開脣推氣言之，風，放也，氣放散也。”是輕脣讀放也。放从攴、方聲。《堯典》“方命”今文作“放命”，輕脣讀放，即輕脣讀方也，何得謂方無輕脣音也？

今人講古音，不信漢儒如劉熙者，而信錢大昕，何邪？錢氏所謂古讀重脣者，大率類此。夫如是，古無輕脣音之説，已較然不可信矣。吾因此而知上所述毛公、鄭君、孫炎、吕忱、徐邈、顧野王、曹憲、陸法言、陸元朗之流，其反語有輕脣音，實爲師師相承之作，但其時輕重脣音尚無界域，觀其以輕脣切重脣，並無所謂類隔。攷《爾雅·釋詁》：“痱，病也。”《方言》十三：“菲，薄也。”《説文·八部》：“分，别也。”《心部》：“憤，懣也。”以重脣釋輕脣也。《釋言》：“班，賦也。”《方言》十二：“蒙，覆也。”十三：“彌，縫也。”“膜，撫也。”以輕脣釋重脣也。此爲輕重脣音合用之證，即爲輕脣切重脣之所本。錢氏乃曰：“《字林》：穮，方遥反；襮，方沃反；邶，方代反。吕忱魏人，其時初行反語，即反語可得方之正音。”不知方爲輕脣，可以切出穮、襮、邶之重脣，錢説誤也。諸可寶曰：見《字林考逸附録補》。① “今本《玉篇》卷末，載有類隔字，大抵以輕脣音切重脣音，葢猶沿孫叔然舊法，吕、孫相去不遠，宜脣音之尚未分輕重，如切韻家所謂音和類隔憑切諸門也。”

定一謂：諸説是也，大徐引孫愐《唐韻》切語，丕、披、皮、便、美、眉諸字，均以輕脣音切重脣，是則唐時猶如此。《類篇》：皮，符羈切；偪，方六切；仆，芳遇切。宋時猶有存者。近人作《慧琳音義反切考》，謂慧琳所據韻方、扶、武三類，顯然與重脣有鴻溝之隔，此隋唐間音變之一端。此説亦爲失當，葢未攷《説文》孫愐反語。《玉篇》《廣韻》《篇》《韻》宋人修改。《類篇》，不知輕重脣音，唐時實未分，宋時雖有分者，《集韻》無類隔切。不全如此也。

---

①按，諸可寶書本名《字林考逸補附録》。

韻部表

陰聲		陽聲	
歌	祭	元	
	至	眞	
脂		文	
支		耕	
魚		陽	
侯		東	

幽		冬（王晚年分此部）
宵		
之		蒸
	緝	侵
	葉。	談

古韻二十二部 從詩聲衍條例六載王念孫分二十二部。酌用江有誥諧聲表。參攷孔廣森詩聲類嚴可均說文聲類段玉裁六書音韵表及古書韵文

各部陰陽配列可以對轉旁通 陰陽排列與黃侃韵表位次略同。唯幽與冬相配宗孔氏說歌祭與元相配拙見與章炳麟錢玄同之意同。其支與耕魚與陽矦與東之與蒸相配。則孔嚴所定。至葉部孔列陰聲章從嚴合談入陽聲。暫不確定。以〇識之。

跋尾

此文放《史記·始皇紀》刻石爲之。

余幼受經史，頗懷洪意。恒思造書蒼頡，治水夏禹，殊尤絶迹，固也仰慕。下至秦隋，長城運河，遠猷豐烈，嚮往云何。厥後大學竟業，教育宣勞，竭慮殫精，勤而寡效。獨居深念，中心是悼。悼，動也。目爲倉猝之業，須臾之名，是嗛嗛者，奚足以營？于時改轍，立言圖功，夙興夜寐，詁訓是攻。解字説文，形聲相從，文異語轉，音同義通。積稿等身，簡册繁重，海匯百川，山移愚公。市季黽勉，自遭國難，于今六年，友人屢以高位相屬，余始終謝絶，努力修業焉。以蒇鉅典。一人一書，四百萬言。生民初覩，海外靡見。前美國某圖書館主任江君，及張博士懷，竝言歐美各國，未有一人作此大書者。殺青六載，讎校艱難。宿勞病劇，民二十九年季夏，病危，幾死者數。徼幸苟全。力疾作苦，於焉出版。本年一月出上部，七月出下部。例言撮要，後叙申明。美質椙櫫，本書美質十二，見《椙櫫表》。

比較益彰。見後《本書與坊間辭典之比較》一文。檢閱匪易，導引綦詳。見後《如何檢閱〈聯緜字典〉》一文。宣布㠯來，靡不贊揚。有一大學教授某君，致函作者，稱捧讀之下，驚爲古今第一奇書。某君又云：長城運河，衆力所作。君書一人撰成，尤爲殊異。同書文字，化及殊方。東京丸善書店，首豫約二十四部以去。建設長利，教誨隆昌。藏山本書艸稿，藏衡山山上某佛寺中，避兵燹也。傳人，不愆不忘。雖久不廢，獻之民萌。以此爲德，其儀不忒。執是程功，羣黎之則。敢云不朽，《左傳》襄二十四年穆叔稱："立德、立功、立言，雖久不廢，此之謂不朽。"定一謂：人之立言，有兼立德、立功者。庶期于治。《書·大禹謨》："以弼五教，期于予治。"《傳》："期，當也。"刻石衡山，紀藏稿事。藝文是志。本原事業，闡明實迹。施于後嗣，曷其有極！

民國三十二年七月既望，衡山符定一跋。

跋詞畢，坿識五事。

一事聲紐。古聲備四十一紐，已經作者考定，而本書雙聲，乃以十九紐爲宗。蓋聲本同源，分析爲四十一，合併可十九。一分一合，各効其用。四十一紐固得，十九紐不相背也，經籍如此，證見説聲四文，可覆按焉。

二事反切。分二層述之。

（甲）全書切語，均用唐韻，意在整齊音讀，免去紛紜。偶以師讀不同，爲求通俗，不能不采他家音切，則標著書目、人名，以資考核。其未標著者，非已詳注中，即《廣韻》《集韻》《類篇》所載，屢見徵引者也。

（乙）本書注中所綴切語，均取自元書，姓氏、篇章，班班可考，無一小家之語，無一不可信之書，蓋慎之矣。間有版本不同，切語歧異，權衡音理，折中名家定之。古音輻湊，較然彰明，《經典釋文》之外，此其有典有則者矣。

三事字體。坊間書本，誤字譌文，不可勝數。本書聯字，力求正寫。惟積非勝是，難盡糾繩，加以刀筆不皆肖真，刻畫率多任意，檢舉改易，往返頻煩。一字之更，輒須旬日，費時耗金，有司苦之。值此國難嚴重，生計枯竭，不得已下部聯字，正譌訂俗，去其太甚，未如上部之一點一畫，悉準《説文》爲之也。

四事隸變。許書重文，視同一字。其間古、籀蜕化，往往筆畫微異，各自爲文。許君分别收之，不以形似字同，屏而弗録，篆書隸變，此例尤緐。譬之㬥㬥變暴，而清儒刻書，三體互見。謝刻《淮南·本經訓》“㬥虐萬民”，畢刻《吕覽·古樂》篇作“㬥虐”。湻變涫、淳，而宋明刻書，兩體錯出，明道本《鄭語》“涫燿敦大”，而金李本作“淳燿”。諸如此類，改併則專輒，捨棄則遺佚。本書率由舊章，兼收並蓄，墨守苦衷，閲者諒之。

五事金文聯字。《凡例》十八，載明吉金聯文，録坿篇末。兹以書成之後，簡鉅編長，審核爲艱，校讎匪易，作者日西方暮，急於出書，金文饔詁，竢諸他日。

坿録

一　本書與坊間辭典之比較

結論坿本書與《經籍纂詁》及《康熙字典》之比較。以下《聯緜字典》省稱本書，坊間辭典省稱辭典。

引書之比較。

（一）辭典引書，每不載篇名，無從查考。其載篇名而不載卷數與篇之上下者，仍難查出。本書則書名、篇名、篇之上中下或一二三四五等，均載明白，一檢即得。

（二）辭典引書，有擅行删節者，有任意改竄者，有全屬子虛者。本書力矯此弊，無一字不求與原書相符。加之書成，繕寫正本，校對原書，在二次以上，作者復審核數遍，殫力訂正。

（三）辭典引書，純駁互見，難於取信。本書取材精審，字皆出自經籍。凡僞書俗説，理學空談，一概不録。

字義之比較。

（四）辭典之聯字解義，極爲簡略。本書義證博洽，收解詳備，一聯字有二十三十義者，有多至五十一義者，一義之證有多至六十餘條者。所謂食不厭精，膾不厭細也。

（五）辭典之解釋，不載舊注，難於徵信。本書則全録唐以前古注，或引述清儒學説，至爲精審，間下按語，必引經典爲證，未敢肊斷。

（六）辭典不辨經學源流，故於字之今古文，全不區别。本書於今文、古文，逐字分晰，例如本書"亮陰"字一、二、三、四、五、六、七，"光被"字一、二、三、四、五。家法彰明，字義正確。字學由經學出，其字學可信。

字音之比較。

（七）辭典之聯字，音切不無缺略。本書全録古書中舊注之音切，如原來無音，則用《説文》《廣韻》《集韻》等書之音切讀之。其有義不同而音切異者，分别注明，最便學者。

（八）辭典多不講音訓。本書則以音詁義，其析音分諧聲、音同、聲同、聲近、韻同、韻近、對轉七類，自來音學、字學、訓詁書，未有能兼之者。夫字典何以要講音訓？蓋因義隨音變，音可逐類以求義也。此本書精粹之處也。

（九）辭典每不載轉語，以音學非所重也。漢之揚雄撰《方言》，不少聯字轉語。二千載後至本書，始有轉語五千。轉語爲何而生？蓋人類有水土、習慣、遺傳、種族之不同，故聲音語言有轉變。轉語者，人類自然趨勢之産物也。轉語之類别有多種，其統繫在音，由音求義，音轉義通。能曉轉語之音義，語根之音義，自然明白。反之能曉語根之音義，轉語之音義，亦無不瞭解。故轉語爲訓詁家所必要。王念孫《廣雅疏證》，段玉裁稱爲天下一人者，此其擅場之一端也。本書轉語之數，幾乎百倍王君。其以《説文》重文讀若，證明轉變，此類字説，作者直與籀史籀、斯李斯、揚揚雄、許許慎諸賢接席矣，王君未有此也。王君之後，章炳麟《文始》敷陳轉語，輻轤繽紛可觀矣。然皆單語無聯字，且限於初文而止，其於音復有韻無聲，與本書組織不同也。

字形之比較。

（十）辭典多不别字之正俗，俗書遂至亂正。本書則原本《説文》，説明字之誰正誰俗，使讀者不至謬種流傳。例如：裴回、徘回，裴正、徘俗；交游、交遊，游正、遊俗。正俗辨别，六書不譌，斯爲美矣。

（十一）辭典無本字借字之分，讀者對於異形同義之字，莫由識别。本書依《説文》判明孰爲本字，孰爲借字，本借分明而義遂清析。例如：交易、交傷，易借字，傷本字；仁義、仁誼，義借字，誼本字。由本字得其本義旁義，而借字之以音通用者，不能淆亂矣。世有謂本字不必求者，瞶言也。中國文字不外六書，六書之五指事、象形、形聲、會意、轉注。均説本字，其無本字而依聲託事者，假借而已。假借者亦對本字而言，若本字全不識，則六書廢而造字之本失矣。是豈可哉！

（十二）辭典不排比異文，以詮釋字形、字音、字義之區别，間有列異文以求通者。然不依六書爲之分析，讀者有所疑惑闇昧，遂無法瞭解。本書羅列異文，四千有奇，以諧聲爲之樞紐。例如：本書“云云”字七、八、九，“屈伸”字二、三、四、五、六。或諧聲同而字異，或諧聲同而字同，求其異同，得所通假，因而是正，定其從違。此文字學之正軌，亦本書之特長也。

比較之結論。

或曰：觀上比較，辭典不如《聯緜字典》，灼然無疑。

敢問《經籍籑詁》《康熙字典》視此書何如？余應之曰：弗如也。《康熙字典》不別六書，字義字形，譌謬百出，字音蕪雜，蘭艾同收。王引之嘗考正矣，未能更張。清儒講學，不齒是書，蓋有由也。《籑詁》義則古矣，音形闕如。形闕，則異文、本借、正俗莫能分明；音闕，則聲讀、音訓、轉語無從識別。此其失也。本書如上所述，於此數端，頗能具備，未敢云得，或可匯參焉。

二　如何檢閲《聯緜字典》

全書四百萬言，檢閲匪易。兹分條提要，分項列字，權作導引，藉資研覈云爾。

（一）《凡例》爲本書綱領，黄君侃有評語，見例末。請首觀之，後閲二十三條全文。例不洞悉，書之作法不能得也。二十三條例文，無一不與書相關切，但其中有較重要者，特爲指出：

例一，叙聯字由來。

例二，説聯字不拘聲韻。

例四，規定反切採用。

例五，闡明音聲韻來歷，小注有所折衷，分析頗爲明確。

例十一、十二、十三、十四、十五，是本書漢學師承。

例十六，創立轉語條例，全書轉語均由此出，確是國學上重要發明。

例十八，説金文難信。

例十九，説石文可憑，但須選擇。

此其犖犖大者。

（二）《後叙》是編書總報告。作者撰此，微宗《禮記》《荀子》之文，略闡《蒼》《雅》、揚、許之學。前賢書序，無若此者。《史記·自序》頗近似，然古樸奥衍，或尚有異同焉。其中五難，與矧以一段，并小注，爲作者艱苦所在，注中與《廣雅疏證》比較數字，蓋獵較之意也。亦本書特殊之處。至文内叙黄、王、馬、高評語，猶揚雄荅劉歆書，述張伯松品題《方言》，無所隱也。

（三）説聲四文，駁正錢大昕，即以商正鄒漢勛、章炳麟、黄侃、錢玄同諸君之説。玄同氏已書面承認見文内。作者與竹汀並立，而作者證以論理學的演繹法公式，則確信錢説駁倒矣。此四文於音訓關係甚大。

（四）本書與辭典比較一文，分析優劣，頗明白簡要。

其中九事説轉語，十一事説本字，最爲精核，足解學者之迷，不可不屬意也。

（五）本書文字繁多，閲者望洋興歎，爲求便利，特將千慮一得，列表敬告學者，題曰《美質楬櫫》見後，慙悚實甚焉！但所著子、丑、寅、卯等十二事，無一不與書之内容相應，除第一子、第三寅事，楬櫫上已經説明，第六巳、第七午、第八未、第十二亥事，可於書中隨字查出外，餘六事即下列丑、卯、辰、申、酉、戌六項，均楬櫫所載。各指出若干字，以供檢閲。更有一層須申述者，隸於此項之字，往往兼有其他數項之長。例如“從容”字隸丑項，而同時辰、卯、申、酉各項之性質，無不具備，是當逐字分别焉。

（丑）義證博洽。此類字，書中隨在有之，其内有義博洽者，有證博洽者，而以義、證俱博洽者爲多。兹略舉如下：上下，上帝，三五，三族，不能，不淑，不然，之子，亡命，何有，何如，供養，偃蹇，優游，兄弟，先生，先後，冥冥，出入，動静，勞來，匍匐，區區，可以，古文，古者，君子，君臣，呼吸，周旋，周章，喟然，嘽嘽，四方，四海，四國，回回，囹圄，國家，土地，大人，大行，太一，太上，夫人，夫子，天府，如何，子姓，孺子，宇宙，容裔，容與，容容，將將，小人，小子，小大，崢嶸，嵯峨，左右，幽明，幾何，度量，庸庸，往來，徘徊，從容，忽然，忽忽，恂恂，恣睢，悠悠，意者，慷慨，憔悴，戚戚，所以，招搖，拳拳，支離，文書，文章，昆侖，星辰，昭昭，是非，春秋，有司，有如，朋友，束脩，横行，權衡，沛然，洋洋，浩浩，浸淫，流離，混混，淫淫，湛湛，渾渾，滔滔，漫衍，漫漫，澹淡，蕩蕩，濯濯，濟濟，炮烙，烈烈，然而，無慮，生生，皇皇，睢睢，瞿瞿，秩秩，窈窕，章章，經營，綢繆，繹繹，繽紛，罔兩，美人，翩翩，翼翼，肅肅，自然，良人，芒芒，莫莫，菲菲，落落，葳蕤，蕭條，藐藐，親戚，譏譏，貴賤，赫斯，輕重，轉注，逍遥，逶迤，進退，采采，金石，長短，陶陶，陸離，陰陽，隱隱，離離，頡頏，飄飄，高明，鬼神，魂魄。

（卯）異文備陳。此類字，隨在有之，略舉如下：丁零，仿佛，仿佯，仿偟，侹擴，便辟，係纍，倔强，倨句，倨嫚，倉浪，偄弱，僮矇，優賢，光光，凌遲，刓斷，劈歷，勠力，區宇，協洽，參差，叡哲，告訴，和輯，呭呭，呴諭，噭咷，嚬蹙，垠鄂，大氐，奇侅，婚姻，媟嬻，嫖姚，孟諸，屈伸，彌留，彫琢，彬彬，徑廷，怫鬱，惡乎，悻悻，懍懍，憺怕，抗衡，撙節，教訓，斟酌，於戲，曏者，曼延，朱韍，桔槔，條暢，棲遲，槃盂，橧巢，檢柙，歔瘉，氾濫，汙薉，沈湎，涒灘，浮游，淖約，淫佚，游敖，滂沛，灼爍，烏呼，猗柅，疲獘，癰腫，登假，盤桓，眩燿，睚眦，稜栰，空同，素餐，純粹，紛紜，膠葛，荒落，蒺藜，蔓延，蓽路，蘊藉，蚊䖟，襁緥，襤褸，規巨，詰詘，贏縮，跋涉，蹇産，輪囷，迫迮，鎡錤，陵遲，隘陜，韞匵，飄搖，鬱壘，魍魎，鴻洞，鹿盧，黎黄，齯齒。

（辰）轉語羅列。此類字，隨在有之，略舉其有《説文》重文讀若及經典證明者如下：其以音韻原則轉變者，字繁未予指出。不弔，于于，云然，云云，作咢，伴奐，伯王，何與，何遽，侃侃，侈侈，侵尋，便姍，便便，偊偊，兢兢，萳胡，冉冉，冤延，冤結，几几，刺址，勃勃，勤勤，勿勿，參參，名迹，吾吾，咋咋，和合，周周，咀嚥，咢咢，員員，喈喈，喬喬，嗑然，嗔嗔，嗛嗛，嚱嚱，奎奎，塊然，填填，委蛇，婉娩，嬛嬛，宛宛，寥落，專專，將帥，屑屑，崔嵬，廣袤，彊禦，彊彊，循循，伋伋，忳忳，恥辱，忼慨，怊怊，恬然，惇惇，悹悹，惙惙，惛惛，憯憯，懆懆，惄惄，憒憒，所所，扶輿，拘拘，提提，敦樸，數數，柴池，條條，樂樂，檢檢，汎汎，沔沔，油油，活活，浩蕩，流連，淡淡，潭潭，澶漫，熏鬻，營營，猗儺，猶豫，猶猶，璀璨，田田，盤旋，罠罠，硜硜，紛然，紛綸，落魄，蓊鬱，蕃殖，蕭索，蠕蠃，規模，豐廡，賁賁，軫軫，輯柔，逡巡，速速，進進，邪許，祁祁，郁郁，長幼，閒居，闇然，雲物，靡靡，驒驒，鬱伊。

（申）正俗辨别。此類字甚夥，略舉如下：丘蚓，他日，仡仡，仗養，低回，佐助，佪佪，侏儒，侏離，保祐，俊乂，便娟，俾倪，俳佪，俶儻，倒懸，便紹，僬僥，劻偬，升假，卓犖，厮役，廝養，呼沱，呴呴，啾嘆，啁哳，喔齵，嗚嗚，嘔然，回皇，坱圠，埃塵，堂蜋，墝埆，妖孽，娟娟，婆娑，安隱，寂漻，崆峒，崑崙，崝嶸，崇高，崴嵬，崐壘，摧嵟，嶚巢，彌佚，律歷，傲幸，惘然，惝怳，悾悾，愷弟，慇懃，憑陵，慞惶，戀戀，抹摋，指麾，搖動，擊柝，斧鉞，暢茂，暴露，槎櫱，權勢，泂泂，浸潤，淵源，清潔，温暖，温腝，潔静，澤蔦，猖狂，琵琶，甘脆，疆土，瘪瘲，皓皓，磨礪，磷磷，窮蹙，笱虡，糟穗，綷縩，綿連，縉紳，繈緥，翻然，耒耜，肥瘠，肥磽，胯下，脫蹝，臺謝，葅醢，譴呵，躁切，輝光，鈍睧，陂陁，雷雨，雷電，雷霆，鞭扑，顛倒。

（酉）本借區分。此類字亦不少，略舉如下：中和，于嗟，五伯，亡狀，亡恙，交易，交錯，人參，什伯，介胄，仁知，仁義，令令，伎巧，伎伎，何不，何迺，何爲，佚惕，佛鬱，佻佻，依違，保鄣，侵淫，俾乂，倍畔，倡和，倉兄，倉卒，倛醜，偆偆，儥然，僕遬，僕僕，僮昏，元氣，充仞，典刑，勃如，勃海，勃然，匈匈，匡懼，原慤，厭足，厭厭，取舍，和同，周流，哀戚，咽咽，嗙嗙，城郭，堂堂，壙壙，大和，大路，大儺，太半，太行，太初，奄尹，奄忽，妍妍，姦邪，姦軌，威蕤，嫡室，嫚姆，安靜，宛轉，審核，屈狄，岨峿，崛詭，巉巖，巨萬，差貸，布政，干鹵，并閭，强梁，强毅，徂落，從横，忻然，怫然，悁邑，悲夫，愚蒙，愬愬，慢罵，懼然，扃扃，扶桑，扶疏，抵欺，接淅，推移，搏搏，播告，文馬，方良，於邑，施施，明齊，昆蟲，柔嘉，案問，橐駝，機微，權輿，次序，歌頌，歷歷，死罪，殷勤，沈滯，沸滕，沾濡，沾沾，浮沈，清閑，滋蔓，滌蕩，漸包，蕩滌，蕩潏，疫厲，礫攘，禮義，積著，窺覦，童梁，符節，節奏，粢盛，純儒，綴旒，罘罳，罷羸，翹足，聲均，背鄉，致密，舉錯，莖著，蕪穢，虎賁，號呼，行義，衰經，誖繆，譬喻，超距，辟倪，辭命，辭賦，遜讓，鄉黨，録録，鍵閉，鏌邪，闕狄，附麗，雅頌，賈隊，風議，駢脅，駮犖，鴻鴈，鶺鴒。

（戊）今古闡明。此類字略舉如下：丕子，亮陰，伾伾，佚欲，侜張，俊民，光被，哀矜，嘉靖，圭璋，大雅，天地，奴戮，孩子，孳孳，安安，宥密，導揚，嵎夷，嶽嶽，平秩，平章，往往，恫瘝，懋遷，戔戔，戚施，放命，放棄，放勳，敷奏，方行，於變，棐忱，棼棼，橫被，欠伸，殄瘁，殺核，沈潛，泥泥，洹洹，海瀕，滃滃，瑶琨，瓠犀，疇咨，瘁瘴，眚災，社稷，神祇，禴祭，箘簬，粉米，翌日，翼日，耄荒，秏斁，荒沈，荒盬，萬幾，蔽芾，虺頹，辯章，逸欲，逸游，逸遊，逸豫，遊田，鄂鄂，阿衡，顛躋，黎獻。

（注意一）右方分項列字，頗易別識。若憚字逾八百，難以猝了，則可再從簡略，就各項首一字觀之，六項祗得六字，各舉一隅，藉以三反。如上下丑項首一字、不弔辰項首一字、丕子戌項首一字、丁零卯項首一字、丘蚓申項首一字、中和酉項首一字是也。此六字，分之表示六項專長，合之則釋義、辨形、審音，無異全書縮景。若以學術評判，則“上下”“不弔”“丕子”，證實字學從經學出；“丁零”，驗明字書與史書合；“丘蚓”“中和”，徵知字説與子、集會。此書之要領，亦精粹處也。

（注意二）若嫌六字分閲，尋檢爲艱，則就“委蛇”一字驗之亦可。黎君錦熙曰：“此書瓌寶也，即‘委蛇’字可見其精博矣。”作者按：“委蛇”字，具有全書十二項之長，所引魁儒王念孫説，全書引王説，在四百條以上。比校觀之，可覘優劣焉。本書組織，大較類此，觸類引申，是在讀者，摘瑜補瑕，企予望之已。

三　本書美質楬櫫

作者以三十年專力，箸成此書，章炳麟、黄侃、王樹枏、高野侯羣相推重，時人語曰：“符君之書，古今一人。”兹將其美質楬櫫，自小學教員至高中大學師生，可各取所用焉。

（子）體製宏大。一人作一專書，四百萬言，生民初見。

（丑）義證博洽。一聯字有五十義者，一義有六十餘證者。

（寅）聲韻兼晐。析音分反切、坊間辭書，聯字不具反切，一大缺憾。諧聲、音同、聲同、聲近、韻同、韻近、對轉八類，自來音學、字學、訓詁書，無兼之者。作者説聲四文，駁正錢大昕，爲音學大改進。《索引》附注國音。

（卯）異文備陳。以《説文》諧聲判異文，異文約四千左右。清儒段玉裁、張維屏、陳喬樅、李富孫諸人，各有異文專書，均未及此。

（辰）轉語羅列。以《説文》重文讀若，證明轉語，轉語約五千左右。清儒戴震、王念孫、程瑶田、郝懿行之書説轉語，均未有此。作者創轉語條例，此往古碩儒所未憭，爲國學上重大發明。

（巳）取材精審。凡聯緜字，起自經籍，以六朝爲斷。

（午）引書明確。凡書名篇，名篇之上中下或一二三四等，載記清晰。所引之文，起止明白，遇有删節，以“中略”二字標之。

（未）收解詳覈。古注詳載，不妄删節。漢學爲宗，清儒注釋精，收録甚備。宋元明人之説，採取從嚴。

（申）正俗辨别。依《説文》，别正字、俗字。

（酉）本借區分。依《説文》，分本字、借字。

（戌）今古闡明。依經學，説明其字爲今文學或古文學。

（亥）譌謬是正。凡標題聯字，嚴格正寫，坊間誤書、宋本譌文，悉匡正之。

修正《聯緜字典·凡例》第十四條[①]

十四、書紀轉語，楊子開山；楊雄《方言》説通語者三十見，語通一見，轉語四見，語轉二見。字釋轉聲，郭生踵武。郭璞注《爾雅》，言語轉者三見，聲轉一見；注《方言》，語轉三見，聲轉十二見。尋其車轍之蹟，可獲率由之涂。博攷前脩，略陳梗槩。

"不律"謂筆，見《爾雅·釋器》郭注："蜀人呼筆爲不律也，語之變轉。""終葵"爲椎，《考工記·玉人》注："終葵，椎也。"聯字轉單詞也。"茨，蒺藜"，見《釋草》。"杜，土鹵"，見《釋草》。單詞轉聯字也。《羔羊》"委蛇委蛇"，《偕老》作"委委佗佗"，"委蛇"傳："行可從迹也。""委委"傳："行可委曲從迹也。"義同。聯字轉重字也。《楚辭·九思》"忿悁悒兮孰訴告"，注："一云：於悒悒

①原載《國風月刊》1932年第一卷第三期，成書時或有調整，中華書局1954年版《聯緜字典》對應内容爲《凡例》第十六條。

兮。”《方言》八“鶝鴟，或謂之鴟鴟”，與此同。《采菽》“平平左右”，《左傳》作“便蕃左右”，《詩·采菽》“平平左右”，《左氏》襄十一年傳引作“便蕃左右”。重字轉聯字也。《孟子·梁惠王篇》趙注：“倪，弱小倪倪者也。”阮元《校勘記》曰：“孔本、韓本‘倪倪’作‘嫛倪’。”亦重字轉聯字。兄公俗呼“兄鐘”，《釋親》“夫之兄爲兄公”，注：“今俗呼兄鐘，語之轉耳。”下字轉而上字不轉也；倉庚即是商庚，《釋鳥》：“倉庚，商庚。”上字轉而下字不轉也。《爾雅》“愷康”，《釋詁》：“愷、康，樂也。”《文選》“慷慨”，《文選·琴賦》：“心慷慨以忘歸。”李注：“《爾雅》曰：愷、慷，樂也。”郝懿行曰：“然則慷慨倒轉即愷康矣。”倒轉而字全變也。《莊子·齊物論》“山林之畏佳”，王先謙云：“即嵔崔，猶崔巍。”定一案：《釋文》音“畏佳”，即“崔嵬”之倒轉。又《廣雅·釋詁》：“㥉咨，慙也。”王念孫曰：“倒言之，則曰資戚。”與此同。《楚辭》“律魁”，見《九歎》。《漢書》“魁壘”，見《鮑宣傳》，服虔曰：“魁壘，壯貌也。”王念孫曰“轉之則爲律魁”，見《讀書雜志·志餘下》。倒轉而字變其一也。逍遥、儴徉，見《廣雅·釋訓》。逍、儴，遥、徉，均雙聲。雙聲相轉也；躊躇、猶豫，見《廣雅·

釋訓》。躊、猶，躇、豫，均疊韻。**疊韻相轉也。“横由”一作“横從”，異韻通轉也。** 嚴可均《説文聲類》曰：“幽可通侯，從、侯轉可通東。”《韓詩》“横由其畝”，《毛詩》作“横從”。**“不借”一作“薄借”，聲近通轉也。**《説文·糸部》：“緙，一曰不借緙。”段注：“不借，亦作‘薄借’。《周禮·弁師》注曰：綦，讀如薄借綦之綦。”定一案：薄借，即“不借”之轉。“不”非紐，“薄”竝紐，二字聲相近。**“婁務”變爲“怐愗”，上字韻轉而下字聲轉也。**《説文·女部》：“婁，一曰婁務，愚也。”桂馥曰：“《玉篇》：怐愗，愚貌。怐愗，即婁務。”定一案：婁、怐，疊韻。務、愗，雙聲。**“望洋”變爲“迷陽”，上字聲轉而下字韻轉也。**《莊子·秋水篇》：“望洋向若而歎。”疏：“望洋，不分明也。”《莊子·人間世》：“迷陽迷陽，無傷吾行。”注：“迷陽，亡陽也。”定一案：郭注“亡陽”與“迷陽”相轉，“亡陽”即“望洋”。黄君侃曰：“裴回爲方皇，不自安爲方羊，不進爲相羊，不分明爲望洋。”方、相、望，皇、羊、洋，均疊韻相轉，轉爲“迷陽”。“迷”“望”相轉，而“陽”自如其故。此爲疊韻轉之變例也。定一攷上一字以雙聲轉，“望”“迷”均微紐也。

央亾謂嚜杘，《方言》十：“凡小兒多詐而獪，謂之央亡，或謂之嚜杘。”**蚍蜉謂之蚼蟓，**《方言》十一：“蚍蜉，齊魯之間謂之蚼蟓。”**非雙聲、疊韻而語變者，方言之殊異也。**《方言》三：“連、此、撲、斯，皆盡也。鋌，空也。語之轉也。”定一案：撲斯、鋌空等字，非雙聲、疊韻，楊雄亦謂之轉。攷《方言》有聲轉，有語轉，聲轉當然爲音之關係，語轉則不皆有音之關係也。或曰：此類轉語，乃音之通也。錢玷《詩音表》，以出送收三類通五聲；嚴可均《説文聲類》，謂衆類聯比，各循其次，上下關通，陰陽混一，順逆互轉，首尾循環；章氏太炎《雙聲説》，謂喉、牙可發舒爲舌音、齒音、脣音，而舌、齒、脣亦可遒斂爲喉、牙。皆其證也。**凡茲通轉之文，述其異同之恉，不敢穿鑿，亦力戒支離也。**《通雅》攷據疏略，肊説緐滋；《駢雅》獵取詞華，不諳小學。《比雅》淺薄無文，《疊雅》述作多謬。《別雅》則剿襲《韻會》，譌舛不足觀也。

《聯緜字典》書評的訂誤[①]

余讀本年一月的《圖書展望》，見任心叔氏所撰《聯緜字典》的書評，閱覽一遍，覺得任撰書評，何以未細看書的內容，如果看了，有許多違反本書的話，何至於説。倘是學力不及，則又當別論。兹特將任氏的評語，加以平議，分列於左。

（一）任評之誤，關於訂正文字者。

任説，往年羅臺山校江慎修的《韻書》，求之於古，反爲古所躓。又云，但翻開《聯緜字典》一看，先爲印刷得凌亂不齊的字體所感，却不知道符氏有意於校正部首字體的一件大事，可是他做得比羅臺山更壞。任又云，便使書中多了些不篆不隸、奇形怪狀的字，而俗體並未去掉。

定一按：韻學的書，屬於小學一類，有訂正文字的必要，所以四録堂本的《説文聲類》、粤軒孔氏本的《詩聲

---

①原載《圖書展望》復刊 1947 年第三期。

類》，都訂正文字，且訂正的多，比羅刻的江氏《韻書》總在數倍以上。余檢查羅有高元刻的古韻標準，全書一百五十頁，其改正之字，每頁多不過十餘字，少則數字而已。任所云求古反躓，並無其事，羅尚未躓，談不到對符同感。不但此也，承培元的《説文引經證例》、章炳麟的《文始》和《小學答問》，其書刊布已久，訂正文字極多。總此四家之書，皆小學專書也，其所以要訂正文字者，蓋感覺得小學的責任上有必要。章炳麟曰，章《叢書别録》二，《論漢字統一會》。中國文字，雖習今隸，而不知秦篆，蒙於六書之法，則一點一畫，所取何義，下筆依書，不異畫蚓矣。因此之故，嚴、孔、承、章之書，特於撰著時，自行訂正文字，蓋循溯源之法，聊存六書之恉，非嗜奇炫異也，不得以少見多怪的目光評之，亦不得以積非勝是的俗見訾之也。

《聯緜字典》爲字書，當然也有訂正文字的必要，作者步武嚴、孔、承、章諸賢，於本書的字，略施改正，乃小學責任，亦乾嘉師法也。以作者本人觀之，《聯緜字典》的行欵整飭，沒有什麽凌亂不齊，訂正之字，準古酌今，沒有什麽比羅更壞。我看任氏所謂不篆不隸者，實在是依篆正隸；所謂奇形怪狀者，實在是匡謬袪俗。依篆正隸，非不可也；匡謬袪俗，尤無不可也。孔子曰，就有道而正焉。羅臺山不足徵信，吾請與任君徵諸嚴可均、孔廣森、承培元、章炳麟，四子者，乾嘉正宗，遺書可按，訂正槼矱，民具爾瞻，夫誰得而非之？嚴、孔的韻書，實作得再好没有。此外，北人如張氏的《二酉堂叢書》，有周秦兩漢古籍。南人如廣雅書局所刻的書，訂正文字，不在少數。任氏乃全不知，亦可異矣。

任氏曰：况且《聯緜字典》所引的，都是先秦兩漢古籍，這些書有秦以前的古文，有漢以後的隸書，也許有些秦時的官書，是用篆文寫的，符氏都一股腦用篆文筆畫訂正起來，以爲便可以頓還舊觀了，而結果却去古書的面目更遠。

定一按：任氏此説，實大大的錯誤。秦李斯等奉始皇令，以秦篆統一各種文字，罷其不與秦文合者。逮漢許慎撰《説文》，先叙篆文，合以古籀，説解全用今隸，是許明明以篆貫通古籀與隸。《説文》既没有什麽去古書更遠的地方可以找出，上面引章炳麟兩句要緊的話，知今隸而不知秦篆，蒙於六書之法，换句話説，知今隸而能知秦篆，則不蒙於六書之法了。又上面所引的《二酉堂叢書》，所刻的書，都是周秦兩漢六朝的古籍，曾無去古愈遠的事實發現。

任氏忽略了中國文字由古籀篆蜕變今隸的歷史，又忘記了許慎作《説文》叙合的方法，復把章炳麟先生的論斷未注意，所以有此疑惑與違誤。

（二）任評之誤，關於訂正部首和總目者。

1. 任氏曰：總目裏的部字、索字、録字，都衹訂正了一半，有些篆隸字形相去甚遠的字，却又並不改正。

定一按：此則爲求通俗，故不全改，若全改，恐淺人不認識也。

2. 任氏曰：叙字、紐字，又都訂正得似是而非。

定一按：此二字訂正得有是無非，書上叙、紐二字猶在，可復按也。

3. 任氏舉止字、厶字、弓字、用字、黄字，謂符氏没有改從篆文筆畫，跟字典已不同了。

定一按：依篆文訂正寫法，存六書也；依隸書以歸畫數，便檢字也。跟字典不同理由如此。

4. 任氏曰：亦、交都應該別立部首，或歸入大部才對。

定一按：亦、交別立部首，則部首過多；歸大部，也還是不合六書，从隸書歸入亠部，通俗也。

5. 任氏曰：乘字歸了丿部，於字歸了方部，朝字歸了月部，都没有比字典更好。

定一按：乘、於、朝三字的歸部，《聯緜字典》與《康熙字典》一樣。任氏乃謂没有比《康熙字典》更好，我看此三字彼此同部，也没有比字典更壞。任氏之説，真是吹毛求疵，得不了疵矣。

6. 任氏曰：但我們一翻本書，便覺此語自贊過甚。

定一按：作者本意，在説明訂正部首的來歷與比校，把此種事實告閲者注意，非自贊也。現在《玉篇》《類篇》《康熙字典》以下字書之部首全在，可以校對，這些書部首的譌舛，實在很多，拙著痛予革除，有書可證，任何字書、詞書之部首，有超越拙著者乎？通人自能明之。

7. 任氏曰：符氏之書，其實仍本之《康熙字典》。

定一按：此處措詞大誤。《聯緜字典》衹有部居和分部的數目，參照了《康熙字典》，見《凡例》第六條。但部首的寫法，則全與《康熙字典》不同。至本書的作法和内容，則以《康熙字典》爲戒，《康熙字典》之錯誤，余已在本書與坊間詞書之比校一文，簡單的説明了，請任氏觀之，自知彼所言不合。

（三）任評之誤，關於張有聯緜字義例者。

任氏曰：張有的聯緜字，具有義例，所採都是雙聲疊韻的偶名，或形義相屬的兼名，兩個字的詞性不同，他一概不收。曹本的續編，他也如此，例如曹氏所收的武夫，只是碔砆的初文，不能作糾糾武夫解，因爲糾糾武夫的武字，是形容詞，和夫字的詞性不同了。張氏所收的千秋，只是鞦韆的初名，不能作千秋萬歲解，因爲千秋萬歲的千字，是形容詞，和秋字不相當了。

定一按：張、曹聯緜字的義例，未有明文，事實上在書本内所收的字，不必一定是雙疊的偶名，也不必形義相屬的兼名，雖然兩字的詞性不同，他一樣的收録，與任氏所説，恰恰相反。例如：張書有差沱，雖疊韻，非偶名亦非兼名，張訓失時也，依《説文》，差貳也，差，不相值也，沱，江別流也，上形容詞下名詞，兩字詞性不同也。又曹書有夸毗，非雙疊偶名，亦非兼名，毛傳訓體柔人也。依《説文》，夸，奢也，毗，臍也，上形容詞下名詞，兩詞性不同也。張、曹已收入書中，證明任氏所定義例，與書不符也。更就任氏所舉千秋武夫之例言之，其説尤不攻自破。

張書千秋下云：案詞人高無際作《鞦韆賦》，序云：漢武後庭之戲也。本云：千秋，祝壽之詞也。語譌轉爲鞦韆，後人不本其意乃造此二字，非皮革所爲，非車馬之用，不合从革。

夫張既明告人鞦韆爲千秋的譌轉，則謂千秋爲鞦韆初文者誤矣，吾人能奉譌轉者爲正字乎？能以譌轉字定書之義例乎？且高説千秋祝壽之詞，則千確是千秋萬歲之千，其爲形容詞也無疑。

曹書武夫下云：石次玉。《漢書·董仲舒傳》：猶武夫之與美玉，別非碔砆，珷玞並非。

夫曹既斥碔砆、珷玞並非，則謂武夫爲碔砆、珷玞初文者誤矣。且董傳以武夫與美玉對舉，武字詞性，等於美玉之美，其爲形容詞也無疑。人可以名瑜字公瑾，石次玉何不可以號武夫。千秋武夫，兩個聯字的詞性，既上字與下字全不同，任氏違反張、曹的正俗之別，鞦韆、碔砆兩字譌字，來證明聯字詞性相同的義例，並以譌文的碔砆，來證明譌轉的鞦韆，實陷於名學上連環的錯誤。既是如此，任氏把千秋、武夫的詞性弄錯，他所認爲偶名、兼名者，也（困）〔因〕之有誤。於是，任氏所下聯緜字的義例，遂陷於錯誤了。

（四）任評之誤，關於定名者。

任氏云：在定名上，我以爲符氏少了斟酌，因爲《復古編》的聯緜字，既有了定體，用其名最好符其實。

定一按：《聯緜字典》定名，已經並世通人如葉德輝、黄侃輩再三審核，不爲不斟酌矣。見《凡例》廿三條。本書體例，與張有《復古編》同名異實，全書作法，詳見《凡例》全文，考據訓詁，今古轉變，若斯之類，全非張書所有。張書體制簡略，學術淺薄，謙中小生，卑卑不足道也，欲符其實，豈不自毁。不才一人一書，四百萬字，爲古今中外第一大作，任氏豈未見全書邪？何管窺蠡測，强人褊狹拘攣若此！

（五）任評之誤，關於雙聲疊韻者。

任氏曰：通常連二爲一的語言，詞性不相當的，却不能計算其聲韻關係。例如武夫是疊韻字，但糾糾武夫的武夫，却不算疊韻。正如文人也不算疊韻一樣，千秋是雙聲字，但萬歲千秋的千秋，却不是雙聲，正如萬歲並没有聲的關係一樣。

定一按：此曲説也。既然武夫二字是同在一部的疊韻字，何以糾糾武夫又不能算？既然千秋字是同在一紐的雙聲字，何以千秋萬歲的千秋又不能算？ 此種無明文的臆説，把雙聲疊韻字，可以隨時隨地，變更到非雙聲疊韻，有何根據？ 出何經典？ 所謂文人不算疊韻，萬歲並没有聲韻的關係，真是連環的錯誤。 其實文人疊韻真部，萬歲元（祭）〔係〕①對轉，任氏故張曲説，以施詰難，其如聲韻如律，不能以一手變亂何！ 此等處真是鉅謬！

任氏曰：符氏没有認清這一點，在《聯緜字典》，定一按：本人幸而没有錯認這一點。 大、體，雙聲透紐，任云：大是定紐，符誤。 定一按：大，他達切；體，他禮切，雙聲透紐，不誤。 也、已，雙聲定紐，任云：按此依古紐，然亦誤。 定一按：也，羊者切；已，羊止切，古讀定紐不誤。 也與均喻之四等字。 任云：按此依今者。 定一按：古讀定。

仇家雙聲見紐，任云：仇羣紐，符誤。 定一按：羣紐古讀同見，另有詳文證之，不誤。

以上雙聲定紐。 任云：符氏執喻四必由定變，故往往有誤。 定一按：以羊止切，喻四，上時掌切，禪，均定紐，不誤。曾運乾有《喻四古讀同定考》。

---

①據文義改。

定一按：任氏説雙聲疊韻均誤。

任氏曰：符氏書不收以往已往，以下没有雙聲疊韻，那麽以上以來爲什麽定説有雙疊關係呢？而分明有雙疊關係，符氏却又忽略了，例如仇仇訾訾等。

定一按：本書收以上以下，未收以往已往，此種去取的標準，孔子曰，舉一隅不以三隅反，則不復也。劉熙《釋名敘》曰，凡所不載，亦欲智者以類求之也。孔、劉説最爲正確。任氏下面又説但這樣的漏略實在太多，也是與孔、劉之説不合，《爾雅》未釋者，《廣雅》補充，《廣雅》未釋者，《駢雅》補充，未有人攻擊《爾雅》《廣雅》之漏略也。至説以下没有雙疊關係，以上以來，爲什麽定説有雙疊關（保）〔係〕①，此則儒家實録，有則説有，没有不能説有也。凡分易有雙疊關係者，如書中所有疊字，若仇仇等，盡人皆知其爲雙疊，無容費詞也。

任氏曰：謡諑明明是舌頭旁紐雙聲，但符氏也没有説。

定一按：謡，餘招切，喻四，古讀定；（涿）〔諑〕②，竹囱切，知紐，古通端，依本書《凡例》，爲聲近。宗錢坫

①②據文義改。

説，本書聲近字，偶有不求其聲者，條例在，讀者可按也。

（六）任評之誤，關於轉語者。

任氏曰：符氏他在轉語方面津津樂道，而他所用的，已不是戴、程諸家之説了。

定一按：本書轉語條例，見《凡例》第十六條，凡轉之關於聲近者有二類，以戴氏之聲紐位同，認爲第一類。其關於韻部者，則以王念孫二十二部爲宗，此事在本書《凡例》第五條有明文。任乃武斷的説，已經不是戴、程諸家之説了，真是未見顔色而言，斯爲妄矣。

任氏曰：太平轉爲大比、大房、大方、大武、大風，如果爲了音近，爲什麽不再轉爲大半、大凡、大分、大卜？

定一按：大凡字另有轉語，此處不提，避繁複也。任氏説，有一次説笑談話，依符氏之例，大兵大砲，又何不是大平之轉語？定謂依程氏果贏轉語之例，果贏轉爲栝樓、朐腰、拘簍。任氏的笑話，何嘗不可同樣的説，何必一定依符氏之例？大平、大兵、大砲，下字轉；果贏、栝樓、朐腰，上字轉。程轉，不拘上下。

任氏曰：説到轉語一篇，程瑶田的《果贏轉語考》，符按：考字係記字之誤。便全可以采入。

定一按：程君轉語，以聲韻求之，尚有鑿枘不相入者，與本書體例不符，故未收。余在本書果贏字下已聲明，不待任氏之介紹，請任氏觀書可也。

（七）任評之誤，關於訓釋者。

任氏曰：九疑，疑似也，山有九峯，其形相似也。但符氏又説本字作九嶷，嶷諧疑聲，却又不用本訓而用借字之訓，總不很妥當。

定一按：本字作九嶷，嶷諧疑聲，諧聲兼會意，本訓與借字之訓一致，其説極妥當。任氏不識諧聲有兼會意者，差若豪毫，謬以千里矣。

任氏曰：仁智，仁愛智識也，仁愛智識四字，實在無法講通，漢人之訓，宋人之義，似乎都没有這樣一句話。

定一按：愛訓仁，見《廣雅》釋詁四；智識也，出《説文》。仁愛智識，何謂不通？撰《説文》者漢許慎，何謂漢人之訓，都没有這樣一句話？

任氏曰：仁義，仁是施恩及物，義是裁斷合宜。仁誼，心兼愛人謂之仁，行充其宜謂之誼。仁誼的訓，是出賈子《新書》，不知道符氏爲什麼不放在仁義之下。

定一按：仁義的訓，是《禮記・曲禮》的正義原有的訓，不能移到《漢書》仁誼字下，因仁義下既已有訓，賈子《新書》的訓，祇能放在仁誼之下了。任氏這種詰難，全是無理由的。對於仁義的訓，是注疏上的經訓，任氏欲任意移動，經學家絶對不贊成。

（八）任評之誤，關於總論及古聲紐和名學者。

任氏曰：《聯緜字〔典〕①》的失敗處，不算少數。無論如何，這部書的出版，也不至於使《辭通》減色。

定一按：〔任〕②氏所指爲《聯緜字典》失敗之處，完全陷於錯誤，余（已）③已逐條駁正，實在一點不失敗。任氏把我的書比《辭通》，我在本書與坊間辭典之比較一文上，已説明了，不必再説，請任氏平心静氣觀之。減色不減色，學術界自有公論，不能以一手掩盡天下耳目也。

任氏曰：古有舌上音説，古有輕脣音説，結論本來没有錯誤，可是在考正上，却犯了似是而非的循環論證的毛病。《羣紐古讀同見證》，似乎更可以不作。

定一按：任既説結論没有錯誤，不應該説在考證上犯了

①②據文義補。
③據文義删。

循環的毛病，如果真是考證上犯了循環論證錯誤的病，則結論得不到正確。即此看來，任氏於名學上的規則，尚有大大的違反。不但此也，作者説古有舌上音，例如：德，古一作置，三十五證皆如此。換以名學的術語，即是某某甲爲乙，此乃單式演繹法中一個斷定，所謂特稱肯定是也。這個斷定，帶有注子，是用複式演繹法的帶證體的斷定，非用複式演繹法的連環體斷定也，不得誤加以循環論證的毛病字樣。至於《羣紐古讀同見證》，爲什麽可以不作，任氏未能説出理由，余在文中舉出甲乙丙丁戊八十四證，確定見羣見二紐古通，作者再三審核，認爲此文有作的必要，認爲是一種進步的發見，任氏以似乎可以不作抹殺之，何能服人！

（九）任評的總結。

任評的錯誤，余已在上面綜舉八類，加以簡略的駁正，但余仍盼望一般閲書的人士，把我書的《凡例》與《後叙》，和古聲紐論文，加以審核，並把本書與坊間辭典之比較，及如何檢閲《聯緜字典》兩文，仔細看清，免得望洋興歎，不識恉趣，且免發生誤會，以譌傳譌也。

民國三十六年五月一日，符定一譔。

此稿登載請勿增删，定一附注。

附：任心叔評《聯緜字典》①

往年讀羅臺山校江慎修的《韻書》，頗怪這樣一位“華梵交融”的學者，却一點没有做什麽校勘家的事，也一點没有做音韻學者的事，而僅僅用篆文之體做了通行字體的旁注而已。這於江氏之書並没有什麽增損得失。而且江氏書中，儘有許多唐宋韻書裏的字，不能用《説文》爲之一律的。求之於古便反而爲古所躓了。這回讀符定一的《聯緜字典》，第一個感覺也便是如此。

王静安先生在日，曾經鼓勵做一番聯緜字的工作，定例甚嚴，審覈亦精。王先生一死，繼起無人，終於未有所成。後來朱起鳳的《辭通》出版，曾經驚動了一下。但《辭通》雖是一部“主觀”的著作，却被人一般的看成了資料書，許多裁斷議論都没有被看重，没有得到什麽信任。

①原載《圖書展望》復刊 1947 年第二期。任心叔，即任銘善（1912—1967），語言文字學家，曾參與《辭海》編修。

在著作之體上來説，更有人批評它不如《駢雅訓纂》。符氏的書最後出，幾年前曾先發表了一部分原稿，又曾經有些人爲之吹噓介紹，這次出版不可不謂是一件大事。但翻開一看，先爲印刷得凌亂不齊的字體所感，却不知道正是符氏有意於“校正部首字體”的一件大事。可是他做得比羅臺山更壞。

先就字體而言，“總目”裏的“部”字，“索”字，“録”字都被訂正了，而却衹訂正了一半。“部”字的“邑”旁没有訂正，“索”字的上半没有訂正，“録”字的金旁也没有訂正，“叙”字，“紐”字，又都訂正得似是而非，有些篆隸字形相去甚遠的字，却又並不改正。這樣一來，便使書中多了些不篆不隸，奇形怪狀的字，而“俗體”並没有去掉。作者又説：“部首諸字，係依宋、明、清各本《説文》，準六書以審定者。一筆一畫，隱括再三，述古不敢違今，未有《玉篇》《類篇》傳本之譌，亦無《康熙字典》以下字書之誤。視經韻樓、平津館所刻《説文部首》，或有獨得之處焉。”

但我們一翻本書，便覺此語自贊過甚。《康熙字典》的部首本之於明朝人的《字彙》，原是衹論便利，不論正確的。而因爲失了正確，便也有了不便利之處。符氏之書其實仍然本之《康熙字典》，却因爲求正確，便連原有的便利也岌岌可危了。例如“止”字在“字典”裏是四畫，符氏依篆文寫，其實只有三筆了，但依然在四畫部裏。“厶”字只有一筆，“弓”字只有二筆，“用”字却成了六筆，“黃”字却成了十三筆，跟“字典”已不同了，而符氏没有改從篆文筆畫。

“字典”的“亠”是“上”字，“亦”字、“交”字都在這一部裏。但依照《説文》，“亦”“交”都應該别立部首，或歸入“大”部才對。放在“亠”部便不合“六書”。“乘”字歸了“丿”部，“於”字歸了“方”部，“朝”字歸了“月”部，都没有比“字典”更好。

况且《聯緜字典》裏所引用的都是先秦兩漢古籍，這些書有秦以前的“古文”，有漢以後的隸書，也許有一些秦時的官書，是用篆文寫的。符氏却一股腦用篆文筆畫訂正起來，以爲便可以“頓還舊觀”了，而結果，却去古書的面目更遠。我們並不全然反對江艮庭那樣用篆文寫文章著書，但我們却絶不願意看一些不篆不隸的奇形怪狀的字。

“聯緜字”三字出於宋張有的《復古編》，元曹本作

《續復古編》仍本其例，我這裏先引《四庫全書〔總〕①目〈復古編〉提要》來結束上面的文字：

"《樓鑰集》有此書序，稱其嘗篆楊時《踵息菴記》，以小篆無菴字，竟作隸書。知其第不以俗體入篆耳，作隸則未嘗不諧俗。……是其説復古而不戾今，所以爲通人之論。視魏校等之詭僻盜名，强以篆籀入隸者，其識趣相去遠矣。"

張有的"聯緜字"具有義例，所採都是雙聲、疊韻的"偶名"，或形義相關的"兼名"，兩個字的詞性不相當的，他一概不收。曹本的"續編"也是如此，例如曹氏所收的"武夫"只是"碔砆"的初文，不能作"糾糾武夫"解，因爲"糾糾武夫"的"武"字是形容詞，和"夫"字的詞性不同了。張氏所收的"千秋"只是"鞦韆"的初名，不能作"千秋萬歲"解。因爲"千秋萬歲"的"千"字是形容詞，和"秋"字不相當了。

這例後來被明朝朱謀瑋的《駢雅》打破了。《駢雅》一方面顧全自己的體例，一方面又採取《爾雅》的制度，和

①據文義補。

張氏“聯緜字”之體與用，自然不全相同。因此，像：

悠悠　裳裳　祁祁　遲遲

這些疊字是張氏所不收的。又像：

鹵斫　殺青　豐碑　大章大韶大夏大濩大武

這些名稱也是張氏所不收的。又像：

秦漢有百戲雜樂：曰魚龍蔓延，曰高絙鳳凰……便和自己的大例也出入了。因爲朱氏的書重在語言、名物，和“字典”之類的性質不同，當然可以如此。

清朝編了一部大書，叫《駢字類編》，依韻分部，取材比朱氏更廣，也没有張氏聯緜字的性質形式上的限制，只要是“聯二爲一”的，都收了。體製也和張氏、朱氏的全不同。既不是張氏訂俗復古之用，也不是朱氏排比考訂之體，却衹是一部和《佩文韻府》一樣的供檢查撏撦之用而已。張氏、朱氏的書是字學形體訓詁之書，而《駢字類編》是類書。

符氏的《聯緜字典》定名，是依據張氏《復古編》的，而取材却和《駢字類編》相近，多説旁通、雙疊、轉語，其意又要勝過朱起鳳的《辭通》。在定名上，我以爲符氏少了斟酌，因爲《復古編》的聯緜字既有了定體，用其名便最好能符其實。聯緜字主音的往往有雙疊關係，例如“徘徊”。主義的不必有，例如“左右”。名物也不一定有，例如“襁褓”。至於通常“聯二爲一”的語言，詞性不相當的，却不能計較其聲韻關係。例如：

武夫　珷玞　碔（玞）〔砆〕[①]　“石次玉”是疊韻字，但“糾糾武夫”的“武夫”却不算疊韻，正如“文人”也不算疊韻一樣。又如：千秋　鞦韆　成爲一樣戲具的名稱了，是雙聲字，但“萬歲千秋”的“千秋”却不是雙聲，正如“萬歲”並没有聲韻關係一樣。

符氏没有認清這點，在《聯緜字典》裏：

大體：雙聲，透紐按：大是定紐，符誤。

九州：疊韻，幽部

九流：疊韻，幽部

也已：雙聲，定紐按：此依古紐，然亦誤。

也與：也與均喻之四等字按：此依今音。

仇家：雙聲，見紐按：仇羣紐，符誤。

這些字本身便不能用雙聲、叠韻來解釋。又如

---

①據文義改。

以上：雙聲，定紐亦誤韻，符氏執喻四必由定變，故往往有誤。

而“以上”接下去便是“以下”一語，組織全然相同，却不能用什麽關係釋説了，又如

以來：疊韻，之部

符氏書不收“以往”，“以往”見於《易·繫辭傳》：“以往其無所失矣。”一作“已往”，符氏也不收。“以下”“以往”没有雙疊關係，那麽“以上”“以來”爲什麽一定説有雙疊關係呢？

而分明有雙疊關係的，符氏却又忽略了。例如：

仇仇　謷謷　敖敖　俅俅　嚻嚻　嗃嗃

都是旁紐關係，但符氏不説。又如“謡諑”，也明明是舌頭旁紐雙聲字，但符氏也没有説及。

説到轉語，戴東原、王懷祖、程瑶田他們都用揚子雲的定義，只是規撫更大而已。符氏他自己在“轉語”這一方面很津津樂道，而他所用的已經不是戴、程諸家之説了。我們尊重符氏自己的系統，不加評論。但在他的書裏却有一個有趣的例：

大平　譌作“太平”按：依符氏此説，則書中“太”字下

無一不是譌字。但符氏並不説及。

轉爲大比

轉爲大房

轉爲大方

轉爲大武

轉爲大風

我們查書中各條，並没找出諸字間的相轉的關係。如果僅爲了音近，又不知道爲什麽不再轉爲：

大半，大凡，大分，大卜……

我有一次和朋友們説笑話，依符氏之例，“大兵”“大砲”，又何嘗不是“大平”之轉語呢？再看：

口盧　俗作筥蘆

轉爲去簏

但《儀禮·士昏禮》注，《注疏》本作“笶籚”。聶崇義作“筥蘆”，《方言》的“去簏”，曹氏本作“笶簏”。而符氏都没有收。若説到轉語，則一篇程瑶田的《果蠃轉語考》便全可以采入，但符氏的“轉語”或“轉”却又是一回事。

在訓釋上，對於符氏的書也不無可疑。例如“九竅，九空也”。他的根據是《説文》：“竅，空也。”但“九空”却不成詞。符氏收了《吕氏春秋》的“九竅”，却不收《莊子》裏的“七竅”，大約是漏了。但這樣的漏略實在太多。

“九疑，疑似也，山有九峯，其形相似也。”這個訓釋根據《楚辭補注》引顔師古説，實出於《漢書·武帝紀》注。但符氏又説：

本字作九嶷，嶷諧疑聲。

既已説明“九嶷”是本字，“疑是借字”，却又不用本訓而用借字之訓，總不很妥當。而且“九疑”之訓“山名”，已發於高誘的《淮南子注》，實在不必用顔氏的曲説來疏解。如果説顔氏的説法在語原上也還有價值的話，那麽便應該進一步從“疑”的音上研究“嶷”“屹”“兀”“高”，這些字的關係。“疑，似也”，這個訓詁是解決不了的。

仁知　仁者愛人，知者知人也。

仁智　仁愛智識也。

其實“仁知”便是“仁智”，而“仁愛智識”四個字實在無法講通。漢人之訓，宋人之義，似乎都没有這樣一句話。再看：

仁義　仁是施恩及物，義是裁斷合宜。

仁誼　心兼愛人謂之仁，行充其宜謂之誼。

“仁誼”的訓解是根據賈子《新書》。但《新書》原來作“行充其宜謂之義”，不知道符氏爲什麽不放在“仁義”之下，而一定要改動一個字？如説賈子本來應該作“誼”，則“仁義”的義本來全應該作“誼”，爲什麽只改了這一句呢？而這兩條訓解如果互换一下，在意義上又有什麽異同得失呢？

我説得太多了。在同樣的幾部書之中，《聯緜字典》的失敗處不能算少，無論如何，這部書的出版也還不至於使《辭通》減色。書首載了幾篇論古聲紐的文章——《古有舌上音説》《古有輕脣音説》，結論本來没有錯誤，可是在考證上却犯了似是而非的循環論證的毛病。《羣紐古讀同見證》一篇則似乎更可以不作。我這裏全不加論駁。但符氏實在過於自信他的“名學”知識了。

然這部書仍然是近代出版界一部不可（急）〔忽〕①略的大書。如果姑且不注意其主觀部分，在資料方面總能勝過其他幾部同樣的書了。我之所以嚴厲地批評這部書者，

---

①據文義改。

正因爲我不忽略這部書。至於這部書的好處，作者自己已經説得很多，用不着别人來説了。

我們依然希望有人能繼續王静安先生未竟之志，用他的義例與方法，將他所從事於聯緜字的工作完成起來。

附：孫楷第評《聯緜字典》[①]

符君定一，撰《聯緜字典》，余聞之久矣。余不識符君，未見其稿，不知其書内容如何。去年閲報，知其書已出版，欲購之而未果也。今年夏，中法漢學研究所購得是書。研究所方編《漢學》學報，編輯人指定是書，屬余作評。因假歸讀之，讀其前後自叙與跋尾，固已疑之。及徧讀全書十册，覺其可議者多。以君之自許也如彼，而著書若此，是尤可怪也。

是書之失，舉其大者，約有七端。

一、詞排列方法不善。今坊間通行詞典，如《辭源》《辭海》，其詞排列方法：凡合數字爲詞者，其詞第一字依《康熙字典》首部分類。其屬《康熙字典》之某部某字，又依其筆畫多少爲先後次第。讀者欲檢某詞，先檢其詞之

---

①原載《漢學》1944 年第一輯，署名鈍翁。孫楷第（1898—1986），古典文學研究家，曾任北平中國大辭典編纂處編輯。

第一字在何部，次檢其第一字爲其部中若干畫之字。詞之第一字部位既固定，則其詞自不難檢求。此坊間詞典之排列方法也。而符君亦用之。符君此書固自命爲第一流，不屑與坊間詞典伍者，今亦用其法，豈非法之可取者，固亦不妨俯同流俗歟？然此法實非簡便之法。何也？

中國字之孳乳浸多，全由聲音關係。凡聲同者，其義同；聲相近者，其義亦相近。過去無拼音字母，字之音讀，唯恃反切字，故聲音文字之關係，僅研究小學者知之，非其人則茫然不解。此非中國文字果深奧也，無音標以表示之耳。今則音標盛行，其簡者有注音符號，有羅馬字拼音。中國字之構造既主音不主形，則編詞典莫若依聲母次第排列。以聲爲經，以韻爲緯，則凡音同音近之詞，莫不彙於一處。依音檢字，無檢部首數筆畫之煩。其便一。異形同音（之）①之詞，可一望而知；其音與義之關係，亦一望而知。其便二。惜乎符君不以是爲便，反以坊間詞典之檢部首、數筆畫者爲便也。

符君疑吾言乎？請舉符君書所收詞爲例。“交錯”

①據文義删。

“迱逪”，音、義同也，依音排列則在一部，依符君之法，則“交錯”在第一册子集亠部，“迱逪”在第九册酉集辵部。“逸欲”“佚欲”，音、義同也，依音排則在一部，依符君之法，則“佚欲”在第一册子集人部，“逸欲”在第九册酉集辵部。同是一詞，中隔七册而再見，此爲便乎？爲不便乎？“大”字，因詞類之不同有二音，一讀如泰，一讀如大小之大。依音排列，則讀如泰者在一部，讀如大小之大者在一部。依符君之法，則連此大字爲詞者，不論其音讀如何，須同隸丑集大部。故“大史”“大功”“大武”“大和”，諸詞雜厠，混淆無别。徧注反切，則不勝其煩；或注或不注，則不免詳此略彼。此爲便乎？爲不便乎？

符君與黎劭西先生遊，劭西先生編《中國大辭典》，其詞即用羅馬字拼音，依音排列。符君於此事似不應不知。顧同編詞典而於其法竟不肯從，亦固之至矣。

二、詞類蒐集不備。聯緜詞應以何種詞爲限，世無定解。《爾雅・釋訓》多載重文，《廣雅・釋訓》則益以駢字。明朱謀㙔依《爾雅》體例作《駢雅》，自形容寫貌之詞，以至蟲魚鳥獸，無所不備。其説以聯二爲一，駢異爲同，故名曰《駢雅》。駢者駢聯，即聯緜詞之謂也。王静安先生撰《聯緜字譜》，所收皆雙字。其詞或爲重文，或爲駢字，大抵爲形容詞，而草木鳥獸之名亦在内。至於人名、地名、官名以及虚字，例不收入。所據書無漢以後書，而所引漢人書亦不全。蓋是未成之稿，無從盡窺其體例。

符君是書，不收三名以上之詞，與静安先生同，而以詞之性質言，則所收較静安先生爲廣。論其體例，與《辭源》《辭海》等書實相彷彿，唯不收新興詞爲稍異耳。既爲普通詞典，則詞宜求其備，而細察之，却又不然。如子集一部有“丞相”，工部有“左徒”，是收官名。丑集大部有“大行”，是收山名。申集虍部有“虖池”，是收水名；有“虞子”，引《漢書·藝文志》，是收書名。酉集言部有“語兒”，是收地名。然其他郡國、山川、經籍之名，率不見於斯書。自亂其例，不知何故。據《凡例》云：“發篋陳書，攈摭材料，上起三代，下終六朝。”是所收材料至六朝爲止。然吾疑六朝書，符君不甚讀，不唯六朝而已，即三國以前書，符君亦未反覆詳閲，盡搜其詞。吾非輕符君也，請以是書驗之。

“門第”“門品”，六朝人常語也，是書門部無之。

“新婦”，六朝人常語也，是書斤部無之。“縣官”“本朝”，漢朝人常語也，是書系部、木部無之。是漢魏六朝語雖至熟者，亦多不見此書也。“門子”見《周禮·小宗伯》及《左傳》襄公二十四年，是書門部無“門子”。“世父”見《儀禮·喪服》《爾雅·釋親》，是書一部無“世父”。“鄉樂”見《儀禮·燕禮》，是書邑部無“鄉樂”。“下管”見《燕禮》及《禮記·文王世子》《明堂位》《仲尼燕居》，是書一部無“下管”。是正經中詞有遺漏也。“封戎”見《莊子·應帝王篇》，是書寸部無“封戎”。“壅離”見《韓非子·内儲説上》，是書土部無“壅離”。“岐路”見《列子·説符篇》，是書山部無“岐路”。是諸子書中詞有遺漏也。

“勝日”見《史記·封禪書》，是書力部無“勝日”。“中酒”見《史記·樊噲傳》，是書丨部無“中酒”。“祕戲”見《史記·周文傳》，是書示部無“祕戲”。“戲車”見《史記·衛綰傳》，是書戈部無“戲車”。“重轑”見《漢書·張敞傳》，是書里部無“重轑”。“道地”見《漢書·酷吏傳》《田延年傳》，是書辵部無“道地”。“名捕”見《漢書·游俠傳》《原涉傳》，是書口部無“名捕”。“對食”見《漢書·外戚傳》《孝成趙皇后傳》，是書寸部無“對食”。“解形”見《後漢書·王昌傳》，是書角部無“解形”。“演義”見《後漢書·逸民傳》《周黨傳》，是書水部無“演義”。“促狹”見《三國志·魏志·袁紹傳》，是書人部無“促狹”。是四史中詞有遺漏也。

“檢校”見《晉書·張華傳》，是書木部無“檢校”。“老物”見《晉書·宣穆張皇后傳》，是書老部無“老物”。“舊齒”見《晉書·武悼楊皇后傳》，是書細部無“舊齒”。“如聞”見《晉書·石勒載記》，是書女部無“如聞”。“白虜”見《晉書·符堅載記》下，是書白部無“白虜”。是《晉書》中詞有遺漏也。“檢攝”見《宋書·後廢帝紀》，是書木部無“檢攝”。“寒乞”見《宋書·明恭王皇后傳》，是書宀部無“寒乞”。“抵蹋”“乾笑”，見《宋書·范曄傳》，是書手部無“抵蹋”，乙部無“乾笑”。“若爲”見《宋書·王景文傳》，是書艸部無“若爲”。“倡諾”見《宋書·思倖傳》《戴明寶傳》，是書人部無“倡諾”。“勢要”見《魏書·劉潔傳》，是書力部無“勢要”。“蠻左”見《魏書·崔延伯傳》，是書虫部無“蠻左”。“監當”見《魏書·陽固傳》，是書皿部無

"監當"。是《宋書》《魏書》中詞有遺漏也。

以上所舉諸條，不過就個人記憶所及，略加審核，若細考之，當不止此。則故書中詞，是書之遺漏者多矣。夫詞典當包古今之詞。輯詞自三代起至六朝止，已屬不當。以六朝後非無詞，且六朝後之詞，往往與前代有關也。今輯周秦漢魏六朝之詞，而仍有遺漏，則作者三十餘年專心著書，所用力者在於何處，斯真不可解也。

三、有誤收之詞。子集儿部有"元二"，引《隸釋》六《北海相景君銘》云："元二鰥寡。"作者自加按語云："《後漢書・鄧騭傳》注：古書字當再讀者，即於上字之下爲小二字。"按：符君引《後〔漢〕[①]書・鄧騭傳》注，證元下小二字示字再讀，是也。然下文有"元元"，彼處釋云："隸書作元二。"此處即不必出"元二"，以小二字不過是重讀符號。"元二"非"元元"之別構，更非"元元"外之另一詞。古書字當再讀者不限一"元"字，其下注小二字者亦不僅此一例，如《宋書・樂志》所載清商三調歌詞，凡句應重疊者，均於本句字下注小二字；如"北上太二

---

①據文義補。

行二山二”即“太行山”三字應重讀，豈可於“太行山”外，更出“二二二”一詞乎？此雖符君亦知其不可矣。此泥於字形而誤者一。

辰集木部有“本本”，引《漢書·叙傳》《文選·西都賦》“元元本本”。按：“元元本本”連四字爲詞，今人爲文猶沿用之。因本書不收三名以上之詞，遂剖散其詞，大不可也。此困於形式而誤者二。

巳集火部有“然是”，釋云：“猶言抑此也”，引《史記·鄭世家》“然是二者不害君身”，後有按語云：“《左傳》昭元年作‘抑此二者不及君身’。”按《鄭世家》，此文即本《左傳》，所記乃鄭子産問晉平公疾事：“平公疾。卜曰：實沈、臺駘爲祟。子産以爲實沈參神，臺駘汾神。水旱菑，則禜祭山川；雪霜風雨不時，則禜祭星辰。今君疾由飲食哀樂女色而生，則實沈、臺駘不能爲君害。”“然是二者不害君身”，“是”字屬下讀，不屬上讀，“是二者”指實沈、臺駘言，非以“然是”爲詞也。此因句讀不明而誤者三。

戌集金部出“鑿柄”，引《抱朴子》外篇《名實篇》“安肯蹙太山之峻以適鑿柄之中”，附按語云：“柄當爲枘，形之誤。”按：“鑿柄”無義，定是誤字。今涵芬樓景印明本《抱朴子》作“鑿柄”，符氏所據或即此本。上文已出“鑿枘”，此因明本《抱朴子》“枘”誤“柄”而另出“鑿柄”二字，豈字之誤者亦可爲典據乎？此沿（承）〔訛〕承謬者四。

是書所收詞甚多，余能摘其誤者只此四條，其他諸條是否有誤，余不能知也。然此四條並非小小錯誤，且是正文字學者應有之事也。今特爲指出，於讀是書者或不無小補爾。

四、釋事釋義多偏而不全。是書不收六朝以後詞，故凡六朝以前詞，後世有之而別有義者，解釋概付闕如。此猶可云本書體例然也。至六朝以前，詞有數義者，亦往往不徧舉，如子集亠部釋“交阯”，引《禮記》“南方曰蠻，雕題交阯”，辰集月部釋“朔方”爲北方，而皆不言郡名。子集厶部釋“參合”爲參同，戌集雨部釋“靈壽”爲木名，而均不言縣名。酉集角部釋“解瀆”爲臂直通，而不言亭名。寅集山部釋“崑崙”爲山名，而不言國名。《北史·魏收傳》已有“門客遇崐崘舶”之語。申集虫部釋“蠕蠕”爲動貌，而不言是種落之名。戌集門部釋“門下”爲門之下、門下之人，而不言晉以來有門下省。子集儿部釋“元光”爲内明，而不言漢武帝年號。寅集宀部釋“實録”爲録事實，而不言梁以來史家紀帝王事有實録；釋“家家”爲每家，而不言北齊諸王呼嫡母爲“家家”。丑集大部釋“大家”爲巨室富家，而不言大家爲尊長之稱，臣妾亦呼天子爲大家；釋“大曲”爲弓名，而不言魏晉樂歌有大曲，凡大曲前有艷、後有趨。其他不煩毛舉。

夫詞典之作，所以便人稽考。今於正文則闕其詞，於注則闕其義，則所謂詞典者，不將失其效用乎？

五、解釋不明。詞典爲供一般人檢查之書，故詞之解釋，宜力求明顯。立義貴乎精要，而語不可過繁；援據雖至廣博，而能超出象外。不囿於舊説，使讀者當下領悟，釐然有當於人心。能如是者，始可與語釋詞矣。

是書每詞下所着解説，往往晦塞。其病在作者每解一詞，非深思博考，融會貫通，斟酌衆説而自立新解，乃（剌）〔刺〕①取古小學書、古傳注語爲已解，或效古人説解語爲質直疏略之解。夫古小學書、古傳注語，非不可從

①據文義改。

也，唯古人著書，言各有體。以小學家著書言，或主形體，或主聲音，或便記誦，不一致也。以訓詁家言，其注一字一詞，（成）〔或〕[①]以聲言，或以形言，或原其始，或明其用，或專就本文立論，或於本文外更泛及他説，亦不一致也。至於羣經、諸子，立言不同，其所發揮尤不可一概論。以至不齊之論，而不如選擇，任取一説以爲解，其鬱塞也宜矣。

試舉數條爲例。如漢人謂舞爲"鼓舞"，"鼓舞"即舞也，乃不逕釋爲舞，而取《禮記·樂記》語爲説，云"動其容也"。亥集鼓部。漢魏人謂樂之節奏爲"曲折"，"曲折"即節奏也，乃不逕釋爲節奏，而取《禮記·樂記》語爲説，云"曲如折也"。辰集田部。夫取《禮記·樂記》語爲説，固可謂語有來歷矣，其如如此解反使人不明何？古者儺與喪皆飾人爲方相，以驅惡凶，鄭玄注《周禮·夏官司馬》"方相氏"云："方相，猶言放像可畏怖之貌。"此言"方相"得名之由。今釋"方相"，宜云："方相，儺與喪飾人爲之，不知所飾者何神。"引《周禮》證其事可矣，不

①據文義改。

必牽涉鄭注也，乃用鄭注，釋云“可畏怖之貌”。卯集方部。按鄭意本云飾方相者放像其可畏怖之貌，乃删“放像”二字，由是“方相”之本爲專名詞者，至是遂爲形容詞矣，不更誤乎？《漢書·張騫傳》云“騫鑿空”，蘇林曰：“鑿，開也。空，通也。騫始開西域路也。”師古曰：“空，孔也。猶言始鑿其空穴也。”“鑿空”者，事無前例之謂，猶唐人言“破天荒”耳。蘇、顔二氏解“空”字雖異，其意謂“鑿空”爲始開闢西域路則同。讀書須得言外意，今釋“鑿空”，不必泥于字面，但釋爲“開新路”，引申爲“事無前例”之稱，於意已足。乃必從顔説，釋曰：“猶言始鑿其空穴也。”戌集金部。使讀者全不能把握其要點。試問“始鑿其孔穴”，所指者何事？究有何意義乎？顔之解“鑿空”，已近于鑿，今遵之，乃益鑿矣。釋“冠蓋”，用劉熙《釋名》語：“冠，貫也，所以貫韜髮也。蓋在上覆蓋人也。”子集冖部。按：《釋名》是釋命名之書，其釋冠與蓋只此數語，不及其他冠蓋之事，體宜然也。今於詞典釋“冠蓋”，但取《釋名》數語爲解則非，以詞典非釋命名之書，但言冠蓋何以得名，殊不足以説明“冠蓋”也。譬之於人，司馬相如初名犬子，慕藺相如之爲人，更名相如，遷、固爲相如作傳，若僅着此數語，便是笑話。今之釋“冠蓋”，何以異此？此又誤也。釋“石蜜”曰：“石飴也。”午集石部。釋“丁令”曰：“丁靈也。”子集一部。此效《爾雅》語，不知《爾雅》以下字釋上字者，其下字在當時皆易曉，不煩解釋，而上字義較隱晦，猶今時國文教員及翻譯人，以今語釋古語，以中國語釋外國語耳。今云“石蜜，石飴也”，“石飴”又何物乎？云“丁令，丁靈也”，“丁靈”又何物乎？“丁靈”之爲國，須讀下文“丁靈”條始知之，而“石蜜”之爲“石飴”，讀竟注所引《本草疏》，仍不能定爲何物，但知“石飴”是“石蜜”别名而已。按：“石蜜”即“糖霜”，宋程大昌《演繁露》有考，王灼所撰《糖霜譜》且專記其事。“糖霜”一名“糖冰”，即今俗所謂“冰糖”。《演繁露》非僻書，《糖霜譜》亦易得，不知符君何以屏之不肯一閲，苟曾參考，逕釋“石蜜”爲糖霜，豈不善耶！

大抵符君爲人極好古書，喜用古語，白首著書，孜孜不倦，是其長也。而其爲是書，用古人説、效古人語作説解者，往往近乎食古而不化。觀上文所引諸條，可以知其一斑。此雖愛君者，亦不能爲君諱也。

六、解釋錯誤。亥集馬部“馬齒”下釋云：“喻年老也。”引《史記·晉世家》：“獻公笑曰：馬則吾馬，齒亦老矣。”又引《史記集解》：“《公羊傳》曰：蓋戲之也。何休曰：以馬齒戲，喻荀息之年老也。”按：《公羊傳》僖公二年何休注，實作“以馬齒長戲之，喻荀息之年老”。《集解》“馬齒”下删“長”字，文不成義。符君不察，乃據《集解》所引何休注立説，誤之至矣。巳集牛部“牢籠”下釋云：“謂制法也。”引《魏都賦》“牢籠百王”向注：“牢籠百王之制法。”按：向注以制法屬百王，不以制法屬牢籠，今以制法釋“牢籠”，又誤矣。戌集面部“面首”下釋云：“駙馬之助也。”引《宋書·前廢帝紀》：“山陰公主謂帝曰：陛下六宫萬數，而妾惟駙馬一人，事不均平，一何至此。帝乃爲主置面首左右三十人。”夫駙馬亦猶人耳，帝爲主置面首左右三十人，此駙馬之恥，而云爲駙馬之助，此何語也！且以字義言，“面首”與“助”字風馬牛不相及，釋“面首”爲“駙馬之助”，其爲錯誤，自不待言。考《通鑑》卷一三〇《宋紀》亦載此事，胡三省於“面首”下注云：“面，取其貌美；首，取其髮美。”胡氏不言其説何本，義殆爲近之。又宋元有“頭面”一語，百回本《水滸傳》第二十回載宋江娶閻婆惜事云："打扮得閻婆惜滿頭珠翠，遍體綾羅，過幾日連那婆子也有若干頭面衣服。"第四十六回載楊雄鬧翠屏山事云："楊雄道：你與我拔了這賤人的頭面，剥了衣裳。楊雄把婦人殺了，却將頭面衣服都拴在包裹裏。"此所云"頭面"似指釵飾而言。古今語言儘有同者，則《宋書》"面首"或指首飾亦未可知。然則"面首左右三十人"，謂左右美姿容、善脩飾者有三十人耳。《水滸傳》乃小説，符君未必閲之，即閲之亦必不屑引其書。至《通鑑》乃有名史書，胡三省注亦極爲賅洽，乃不暇一閲，何也？至部"臺簡"下釋云："特大也。"引《淮南子·俶真訓》"臺簡以游太清"，注"臺，猶特也。簡，大也"。按：《淮南子·俶真訓》高注實作"臺，持也"，不知符氏何以誤"持"爲"特"。從高注，當釋"臺簡"爲"持大"，然"持大以游大清"，意頗隱晦不明，余疑此處"簡"不必作"大"字解，簡者，省約也，易也。《逸周書·謚法解》："一德不懈曰簡，平易不訾曰簡。"《左傳》昭元年："宋左師簡而禮。"杜注："無所臧否故曰簡。"《禮記·樂記》："繁文簡節之音作而民康樂。"鄭注："簡節，少易也。"《淮南》此文本謂：

"至道無爲，内守其性，耳目不燿，思慮不營。其所居神者，臺簡以游太清。""臺"訓"持"，則"持簡"猶言"守約"，即無爲也。故下文云："事其神者神去之，休其神者神居之。"余爲此解，似較高注爲長，然則高注尚不可盡從，況不如高注者乎！

是知爲訓詁之學者，必其學足以正舊注之失，始可以得用舊注之效。若徒泥舊注而不知所以裁之，鮮有不敗者也。

七、注文蕪雜。酉集車部"輻湊"下釋云："如車輪之集於轂也。""輻輳"下釋云："車輻之聚於轂也。"巳集水部"泰一"下釋云："天皇大帝也。""泰壹"下釋云："天皇大帝也。"犬部"獯粥"下釋云："匈奴也。""獯鬻"下釋云："匈奴也。"此前後文之重複也。子集人部"侵伐"條釋云："苞人民、毆牛馬曰侵，斬樹木、壞宫室曰伐。或云：有鐘鼓曰伐，無鐘鼓曰侵。或云：觕者曰侵，精者曰伐。"附按語云："《穀梁傳》隱五年：'苞人民、毆牛馬曰侵，斬樹木、壞宫室曰伐。'《疏》釋曰：《左傳》：'有鐘鼓曰伐，無鐘鼓曰侵。'《公羊傳》：'觕者曰侵，精者曰伐。'《周禮·大司馬》：'賊害民則伐之。’注：‘《春秋傳》曰：粗者曰侵，精者曰伐。’”此上下文之重複也。寅集宀部“容貌”條摘句，引《禮記》《論語》《國策》《史記》《漢書》《莊子》《荀子》《吕覽》《淮南子》，舉例凡三十有七。此舉不勝舉者也。子集乙部“九鼎”條，摘句引《國策》《史記》《漢書》《水經》《淮南子》《論衡》，舉例凡二十有八。巳集“泰一”條摘句，引《漢書》《鶡冠子》，舉例凡二十有九。此詞之須特别解釋者，不恃摘句而明，雖摘句至多，亦不能明者也。戌集門部“門生”條釋云：“轉相傳授者也。”本《集古録》《孔宙碑陰跋》，然所舉如《後漢書・楊彪傳》所稱“黄門令王甫使門生於郡界辜榷官財物”，則是依附名勢之人；如《宋書・徐湛之傳》所稱“門生千餘人皆三吴富人子”，則是傔從之類，皆非學業轉相授受之人。顧亭林《日知録》卷二十四解之甚明，惟引《後〔漢〕[①]書・賈逵傳》“拜逵所選弟子及門生爲千乘王國郎”，此門生或涉學業，與此解合耳。此宜分而反合者也。酉集走部“起居”分三義：一“舉動也”，二“猶言坐作也”，三“動静也，

①據文義補。

或曰謂食飲寢臥之增損也”。三義只是一義。寅集“容貌”分四義：一“容讀爲頌，頌亦貌也”，二“威儀容顔也”，三“容止也”，四“謂麓”。一二三只是一義。此宜合而强分者也。又是書每詞下所標數目字，固以分别詞義，而實亦不盡然，如釋“容貌”，五“篆文作容皃”，則涉書法。釋“起居”，四“轉爲起家”，則涉聲音。是所標數目字，不專爲詞義而設矣。而所謂轉爲某某字者，又多附會。凡言某字與某字爲一聲之轉者，其義皆相近。今言“起居”轉爲“起家”，“起家”又何涉“起居”乎？凡注解有體，引書亦有體。君爲是書，其説解、徵引蓋漫無體（倒）〔例〕①，故其文不失之繁，則失之複，否亦條理不清。雖詞典非專門著作，究之行文不當如此也。

以上所舉七事，皆其犖犖大者。餘如邊欄外記字之筆畫，所以便檢查，而筆畫非每頁有之。索引每頁五欄，以直線界之，而字皆直行，致諸詞視之宛如單字，閲之殊爲不便。唯此皆細事，可不復論。

詞典之爲物，無所不包，究非一人所易爲力。符君之

①據文義改。

爲此書也僅三十年，始終其事，其志固已偉矣，縱有疵眚，似亦不必爲苛論。又其人早入仕途，棄官之後，便不復出，守知足之誡，唯以著作自娱，亦不肯爲人師，以視世之惜身家、營利禄、朋黨比周、老死而後已者，其賢不肖爲何如！觀君之志與其所爲，誠有足重者。夫重其人而猶指擿其書，吾非好爲苛論也。《春秋》責備賢者之義，固應如此爾。

序跋書信

《符氏九修族譜》序[1]

自歐人談社會，以宗法一階先於軍國，國人因自悼群演之淺。顧或以爲宗法者，輕地著，拒異種，尊家族，率舊制，斯不盡與農業郡縣之國相容。故鴻鳴哀怨見諸雅，戎狄腹處徵諸周。名物異古，驗諸人事，而宗子陵夷，實始戰國。後之族長無復政權，若是者宗灋微甚，然吾民固不盡能小己獨立，其言議思維，固不越宗法。

或曰：自孔子欲假君權以行其教，豥先假宗灋以定君權。其教昌，則君權存，而宗法亦因旨老洫不化。夫宗法老洫，則收群之效轉微，終於不化，則民日益愚以涣。民愚且涣，又外侮内訌，逐日月以長，雖幸脱宗法而無所於歸，維國若種，淪胥可待，甯獨一姓之憂已哉！

符氏受姓，始魯公孫雅，爲秦符璽令，賜姓符氏，其後散之四方。明初有彦文者，宦湘占籍，枝條旁挺，在衡山

①選自甘霖堂《符氏九修族譜》。

者凡二，而吾支稱留筆塘符氏，丁口不逾三千，農傭者佔多數，顧聞長老太息，言嚮不若是也。

定一曰：民聚爲族，族分於種。種統之國，族衰則種弱而國滅。國且滅而種不知，而族不悟，國家之咎歟！先覺有責矣，責奚在？在各教其族人，以補國治之疏，而厚人群之力。然教始合族，合族自宗法，宗法繫諸譜。夫譜者，亦儒家泥古，倀于宗法之所爲耳！而宗法固今所舉國喧㕑，求亟去勿得，乃獨存之云云，庸有解于觀化察時之淺？顧吾觀今日人士，惡宗法若毒螫然。其言激矣，獨不悉所以代之者，將安在也？脱必于假以虛延一息，有所造於人群者，詰詰誚讓之意，猶膚慮而已。君子審國是，定鉅議，誠於勢當也，雖群鬩勿恤，而況私論之末歟！

吾支之譜，例卅歲一增訂，迄今九次矣。定一遊京師數年，於祠典一未遑役，重勞長老，又不自度，輒强顔高語，願吾族人明曉斯意，毋徒粢盛酒醴，僕遫粉飾，當各强起。吾亦夙夜文莫相畣，行且偕吾長老，發譜參稽，大集子弟，瀹智勸能，令一一官感無曠弛，率先百族，共圉神州，長爲幸民，無忝祖攷。

二十七世孫定一譔。

《郋園北遊文存》序①

慨自國事泯芬，民墜塗炭，烽燧燎野，鼙鼓震地，藝林鄙僿，學術荒蕪，政敝文衰，天之將喪。載瞻南服，靈光巋然，風雨雞鳴，中夜起舞矣！

吾湘郋園先生，箸述等身，專精漢學，《古微》《清話》，先生箸有《六書古微》《書林清話》。說字論書，取精用宏，鈎深索隱。其兼長小學、目録，凌越乾嘉，可謂文采彬彬，卓爾不羣者矣。間或品題人物，評判是非，舌湧波濤，筆掣雷電。人因疑名士善罵，美人喜香，天性如斯。其然，豈其然邪？

湘中迭亂，兵匪從横，先生寄跡姑蘇，方羊山水。今歲北上，下榻敝廬，談說古今，超超元箸。暇則觀花飲酒，蕭灑出塵，矍鑠是翁，興正不淺也。其時洛中名士倒屣相迎，唱和應訓，無日蔑有。偶爾賦詩、題卷、作序、弁書，對客

①選自葉德輝《郋園北遊文存》，1921 年民國財政部印刷局活字印本。

揮毫，文不加點，集帙成軸，斐然可觀。或推闡經典，或商榷五行，或討論刑律，或辨别泉刀，或解説詞曲，或吟咏闓闔，一名一物，無不本本元元，蓋髣髴《新序》《白虎通》諸書家法也。至其贊許拙箸，比之《經籍纂詁》，甚且謂爲儒林、文苑之鉅製，則引誘後進，情見乎辭焉。

嗟乎！清季以來，學風衰壞，師儒撰述，乃時時見於湖湘，藏之名山，傳之其人，王、葉之名鼎鼎矣！顧湘綺文優於學，湘軍作《志》，傾倒一時。若解經注子，則嚮壁虚造。章太炎有言："三王不識字，此公殆其尤也！"葵園箸書，似是漢學一派，然攈摭舊誼，絶少發揮，以視先生之訓故解經，薄宋軼唐，直接漢魏，蓋有天淵之判矣！

世謂斠經酌史，南葉北柯。《元史》殺青，褎然鴻箸，泱泱表海，洵北學之正宗也。若云精深博大，獨往獨來，則觀古堂箸書，先生有《觀古堂所箸書》行世。真能當仁不讓矣。先生嘗與余論其平生箸作，以《説文故訓》《四庫全書版片考》爲兩大長編，《故訓》宗仰許氏，《考》則詰駁河間。果爾，則五經復見無雙，羣書真能治要，盛德大業，豈不偉哉！

先生倦遊南返，束裝待行，爰彙其稿，付之梓民。異日把卷流連，猶彷彿追隨杖履，載酒問字時也。是爲序。

民國十年重九日，後學衡山符定一撰。

胡楊巽山先生六十雙慶序[①]

蓋聞蘇黃寄詠，早成耳順之吟；梁孟稱賢，合頌眉齊之慶。紀算正花初週甲，極婺雙輝；介嘏則觚共操庚，帨弧並耀。萊翻五綵，歡承益壽之花；桃捧千觴，笑晉延齡之酒。喜劉樊之夫婦，眷是神仙；問元韋之弟兄，誼皆姑表。正宜情牽蘿蔦，並陳雙慶之圖；峰望芙蓉，遥上三多之頌者也。

丙寅六月　日，爲我姑丈巽山先生六十弧慶。

丁卯正月　日，爲我姑母符太夫人六十帨辰。

椿庭介嘏，正荷花獻壽之時；萱閣祝釐，恰梅萼迎春之候。紀兩仙之鶴算，六十平頭；數二老之桃齡，三千僂指。定一鄉聯桑梓，誼功葭莩，敢不聊撰俚辭，藉侑康爵哉！

伏維姑丈少秉奇資，幼多大志。馬瑗綺歲，共許不

①原載《交通叢報》1926 年第 125/126 期。

凡；羊祜髫齡，羣知獨異。才誠邁衆，謝莊固屬能文；藝足超羣，賈堅争誇命中。學書且兼習劍，勇冠千人；抱石更善持弓，奇驚四座。其文武兼修有如此者。

木鳶技巧，術創班倕；流馬製精，機開諸葛。今世競誇新法，舊時早擅宗傳，乃藝學西來，歐風東漸，國人争相仿效。公則起而抗之，獨出心裁，不妨自我作古；别開眼界，須知智不讓人。年來將紡紗、碾米各機，一手造成，人皆稱羡。精奇百出，耻談海外之觀；製作一新，獨闡寰中之祕。其技藝深嫻有如此者。

橐駝種樹，何止萬千；武侯植桑，早盈八百。公則灌蘭溉桂，青垂匝地之陰；植杞培楠，青接淩霄之影。樹樹松摇帶雨，都作龍吟；竿竿竹響連雲，皆成鳳舞。而且採桑滿隴，多鏁嫘祖之絲；剖竹盈池，廣造蔡倫之紙。既普園林樂利，更饒農圃清娱。其治生有法又如此者。

董奉隱居，杏林春滿；蘇耽治疾，橘井香浮。公則祕受桐君，學宗岐伯，三部脉探微奥，一囊藥貯太和。沈羲玉杯，靈液活人不少；葛洪金匱，良方濟世偏多。而況涸鮒常甦，哀鴻徧賑。李士謙焚債券，里黨稱賢；范仲淹置義莊，鄉閭感德。矧夫陳蕃好客，蔡邕樂賓。謝東山棋局未終，孔北海酒樽常滿。排紛解難，仲連獨具高風；扶弱抑强，郭解更多俠氣。其處世多方更有如此者。

今則懷葛無憂，滄桑飽閲。桃源静避，不知秦世何朝；賈果閒遊，懶問晉廷誰主。或臨池而把釣，祇尋鷗鷺之盟；或坐石以敲吟，慣領鶺鴒之趣。此非得雅人深致，博耆舊美談者歟！

若夫姑母，幼嫻馬誡，夙懔班箴。窗下描鸞，幾擅針神之勝；燈前刺鳳，非誇繡佛之工。斯誠巾幗英雄，裙簪豪俠者耳！

當其歸我姑丈也，夭桃載詠，穠李興歌。鴻案相莊，德輝賢聲遠播；鹿車共挽，少君佳話争傳。王仲卿成名，信由内助；樂羊子勵學，知出芳閨。其相夫之賢有如此者。

姆氏垂訓，懿行固屬柔嘉；女宗表閭，芳徽原關孝謹。我姑勤心晉盥，洗手作羹。問膳則豐潔必週，加餐是祝；侍疾則恪恭匪懈，弗藥堪占。左右追隨，曲體萱闈之意；晨昏奉養，同臚蘭砌之歡。其事親之孝有如此者。

荻支作畫，賢母固獲賢兒；柳絮工吟，是子更有是女。冢嗣偉，畢業湘商農校；仲嗣森，畢業省立師範；季嗣峙，畢業縣立師範。芝蘭並美，棠棣聯芳。次第翱翔，知鵬程之遠到；後先踔躍，喜驥足之高騰。且也長女世貞，畢業女子師範；次女樂儀，畢業蠶業學校。徐惠學能繼父，蕙閣傳詩班昭。才不讓兄，蘭臺續史；一門競爽，五植齊榮。其教子女之多能又如此者。

若夫延賓禮待，雅隆雞黍之供；奉祀虔修，肅展魚藻之薦。豆丁菜甲，固寓慈祥；堂北陔南，亦徵淑惠。機絲垂訓，羣推孟母之賢；紗幔傳經，共仰宣文之教。固宜徽音倍著，懿範同欽。荀粲閨闈，唱隨自樂；秦嘉夫婦，福慧雙修者也。

定一幼荷裁成，長承獎掖。蔭依兩老，彌深眷戀之懷；匏繫一官，不盡睽離之感。理財雖云乏術，冀佐周官；煑海縱愧無能，爲持禹筴。兹值留京之日，適逢降嶽之辰，稱兕維殷，飛舄未遂。兩度樽開北海，各慶遐齡；百年詩頌南山，合賡偕老。四千里芳辰共介，南北可併一家；六十年耆誕同逢，前後不妨隔歲。此日京華遥祝，並依瓊島以稱觴；他年壽域重開，共返珂鄉而酌斝。

是爲序。

先考符公卓卿府君墓碑銘

先考府君符公，諱義玉，字卓卿，湖南衡山人也。其先符氏啟宇，扗于嬴秦，掌節禁中，用錫厥姓。逮漢之末，有名黨錮，捍彼閹宦，氣節嶄然。至于五季，樹勳軍旅者，實緐有徒，迺武迺文，光于史册。厥後蕃衍琅邪之域，遵處閩海之瀕。由贛適湘，于資之野，于澧之原，于衡之下。於鑠維衡，我祖書南，開基嶽北，德乑後昆。南溟公起，學有本標，天文地理，靡有不綜。

府君，公之冢子也。幼承庭訓，壯益砥礪，服膺孔孟之學，講習義理之精。求志隱居，家道中落，含辛茹苦，授徒不輟。遇有鄉鄰之爭，輒爲片言之折。解紛排難，扶弱抑强。弱者戴德，而强者無怨。蔡邕所謂“戾很斯和，爭訟化讓”，不是過也。至于州里有饑饉也，募貸以卹之；鄉黨有盜賊也，追捕以息之；道路有圮毀也，勼材以修之；興積有損壞也，集貲以補之。清之末禩，科舉將廢，則爲宗族立學，教其子弟。暮年精力，瘁乎此矣。傳曰

"公爾忘私"，府君有焉。

若乃府君之教子也，雞鳴而起，課讀與耕。申之以孝弟，誥之以忠信；訓之以禮義，勵之以廉耻。有驕而奢者，責之極嚴；若衺而辟者，笞之無宥。家庭之内，雝雝肅肅如也。府君嘗曰：吾家讀書三代，祖若父無惡，兒曹第爲善，庶幾高大門閭乎！定一束髮受書，五經咸府君口授。邇者經術文章，稍窺涂徑，長管財部，未刮官常，則固府君教育之勤，而先代積絫之厚也。

府君年六十有六，民國六年九月十六日卒。配楊太夫人，有丈夫子三：長方儲，娶顔氏、趙氏；次方倫，娶陳氏；次定一，娶周氏、趙氏。有孫男女十七，有曾孫三。卒越一月，葬于衡山太平寺鐵弓衜之陽。是日也，執紼塞涂，觀者如堵，道路歎息，僉謂符氏之美，于斯爲盛云。銘曰：

衡山之陂，涓水之湄；潛德歸而，先民之遺。居族怟怟，興學其儀；學興族治，爲家之釐。居鄉祇祇，樹倉拼飢；飢拼鄉治，民以熙熙。善烝于鄉，薰德而良；歿而不忘，社祀用彰。葬太平岡，山環水長；人曰允臧，裔其光光。

此碑曾重伯先生書丹，劉劭襄先生篆頟。

先妣符母楊太夫人墓碑銘

先妣符母楊太夫人，湖南衡山人也。其先唐叔之裔，食邑于楊。漢有司空，四知是畏，母其後也。厥考服疇力穡，手胼足胝，敏事慎言，一鄉之善；兄則誦詩讀書，授徒州里，天懷坦蕩，與物靡爭，窮困之際泊如也。

太夫人生稟靈秀，德粹性純。質柔而貞，皃和而正。其身淑慎，其心塞淵。窈窕之儀，婉瘱有操。嫻師氏四禮之訓，備九嬪四德之長。逮其于歸，宜其家室。契闊中饋，勤勞女紅。食不兼味，衣不華縟。仁慈被于娣姒，孝敬盡于舅姑。若其教子殷勤，質衣送學，直繼軼于習禮，克媲孅于斷機。小子敖游文藪之林，追隨功名之會，毋敢槩棄，職此之由。故生歬極其艱辛，身後綏之福履。彤管颺徽，巾幗仰則。

太夫人謂家人曰：余疇昔之夜，寣日陊懷，得妊宇兒，兒或當貴，但恐不及見耳。春秋五十有三，光緒三十年卒，次年卜葬；民國九年，改葬于邑北嚴渡茅山犕之陽。

生子三：長方儲，次方倫，次定一。儲等定省虧缺，追悼靡已，乃相與綴輯德履，就正鴻儒，勒石立銘，彰兹懿行。銘曰：

猗與母氏，昭其德音；有容有儀，穆穆愔愔。聿修厥業，翼翼小心；義方之訓，罔敢有侵。其訓維何，學古力田；學古入官，官常毋僭。力田足食，食爲民天；以儉爲榮，以勤爲先。邈焉寡儔，惟母之賢；胡爲聖善，弗永厥年。遘疾而殂，何辜而然；陟彼屺兮，逝者不旋。哀哀劬勞，嗟嗟黄泉；閔予小子，悴兮泣焉。刻石紀德，德其勿湮。

此碑郭侗白先生書丹，張遠伯先生篆額。

輓吴獬先生[①]

衡嶽傳經，有緣慧眼蒙知我；

京華奉訃，無力奔喪愧對公。

①選自《一法通及其他：吴獬先生誕辰百五十周年紀念》。吴獬（1841—1918），字鳳蓀，湖南臨湘人，一生主要從事教學活動。著有《一法通》《不易心堂集》。吴獬在衡山研經書院任山長時，符定一曾從吴獬問學。

輓廖平先生[①]

科斗從誰問奇字；

龍蛇何事阨經師。

後學符定一輓

①選自《六譯先生追悼録》，上海古籍出版社《廖平全集》第十六册。廖平（1852—1932），經學家，字季平，號六譯。曾任尊經書院、四川國學院教職等，著作頗豐。

輓黄季剛先生[1]

下江學術去兩湖，君足當之，余滋悪矣；

三年前，君赴北平，偕遊中山公園，欣然語予曰，如吾二人著述，下江學術，溯江而上，往兩湖去矣。

茗柯文章高一代，今也再見，來者其誰。

君又語余云，某爲文放汪容甫，予答之曰，公可逐張皋文，何乃容甫也，既而，公爲余作《聯緜字典·序》，大似皋文。

①原載《大公報（長沙）》1935 年 12 月 20 日第五版。黄季剛，即黄侃。

輓章太炎先生[①]

文學信兼優，我謂孔張以來，惟君獨步；

師生洵並美，羣歎章黄既去，舉世靡宗。

①原載《制言》1936 年第二十二期。章太炎，即章炳麟（1869—1936），民主革命家、思想家、學者。在文學、歷史學、語言學等方面，都有精深研究。今人輯有《章太炎全集》。

集經語輓吴佩孚[①]

（一）

説禮樂而敦詩書，聿修厥德；

執干戈以衛社稷，亨壯其猷。

（二）

易簀尚搥胸，太息無人能救國；

注經成絶筆，摩挲殘卷有餘哀。

---

①選自《吴佩孚》，武德報社 1940 年刊印。吴佩孚（1874—1939），直系軍閥首領。抗日戰爭全面爆發後，拒任僞職。1939 年 12 月因牙疾經日本醫生治療後暴死。

鹽城魚節母陳太夫人頌[①]

乃冰斯清，乃玉斯潔；

爲鄉之望，爲國之光。

世愚姪符定一拜頌

---

①選自《鹽城魚節母陳太夫人褒榮録》，1926 年聚珍倣宋印書局鉛印本。陳太夫人，早年守寡、喪子，過繼了夫弟魚潮深之子以承香火，取名鳳鳴。魚鳳鳴後來在北洋政府擔任要職。陳太夫人逝世後，魚鳳鳴追思其母，編印《褒榮録》，書中收録了當時衆多軍政要人的頌贊詩文。

賀趙、林兩公就職電[1]

長沙趙總司令、林省長均鑒：

兩公勳膺彪炳，德望巍然，總領軍民，逖聽忭舞。符定一、易克臬叩。東。

①原載《大公報（長沙）》1920 年 12 月 4 日第六版。賀電中的“趙”指趙恒惕，“林”指林支宇。

復范鴻鈞電[1]

漢口總司令部譚□夏兄轉范叔衡兄鑒：

篠電悉。報載國聞社十三日電云，符定一語人，吴意國會非保留不可，因選舉赶辦不及，元首不宜久虚，决擁戴王世珍上台，副座亦不宜推現役軍人，希望奉張諒解，蘇孫曾提張謇，吴亦贊成等語。定一並無此種談話，報載想係傳聞之訛。特此更正，以免誤會。符定一叩。巧。

①原載《順天時報》1926年6月25日第二版。范鴻鈞，曾任民國國會議員。

附：范鴻鈞致符定一電[①]

北京西四石碑胡同三號符宇澄兄鑒：

昨日各報載國聞社十三日北京電云云中略，足下是否發表此項談話，抑或通訊社造謠，望即明白電復。足下爲總部參贊，預聞機要，一言一動關係甚大。當兹政局尚未解決之際，足下公然代表孚威，發表反憲言論。由前之説，足以影響護憲局面；由後之説，足以挑撥吴、張兩帥感情。望即通電更正，並盼以後謹慎發言爲要。六皆兄請致候。范鴻鈞叩。

①原載《世界日報》1926年6月24日第三版。

致宓以德函[①]

（一）

宓代會辦鑒：

總會辦公事權限，在鹽務署稽核總所章程内，業已核定，至爲明瞭。對於任用人員等辦法，於該章程第二條内段，暨第五第七第十一各條亦經載明，非總會辦同意，並呈由財政總長核准，不發生效力。執事此次自行作主更動最高級華員各案，當時并未得總辦同意，而竟用總會辦名義發表。今鄙人對於所調人員，以總辦資格提出意見詢問一切，而執事竟謂現不能與鄙人討論，並聲稱并無理由將此案再行核辦等語，鄙人對於執事此議，甚爲詫異。蓋所有公事，須用總會辦共同名義，並經呈請財政總長核准，始能有

---

①函（一）載《大公報（長沙）》1926年7月30日第三版。
函（二）載《晨報》1926年8月3日第二版。

效。既載在章程，執事此次以總會辦名義，自行作主辦理之案，于鄙人到任後，送來追認。鄙人查與章程不符，因提出意見詢問，乃執事認鄙人無權過問者，此層鄙人萬難承認，並對於執事自行更動之人員，于總辦未同意并財政總長未核准以前，認爲不生效力者也。稽核總所總辦符定一。七月十九日。

（二）

宓代會辦鑒：

執事此次意見，既稱並未謂不能與鄙人討論更調各該人員一案，並稱鄙人如欲提議變更，則極願互相討論一切，且因鄙人尚未提議更改，故當然見得并無理由加以更改等語，鄙人對於此案所爭之要點，係對法問題，並非對人問題。蓋此事若不明白規定，則此後凡於總辦未到任以前，會辦不難將各重要案單獨解决。及至總辦抵任後，又不使其有權過問，此種情形，鄙人爲主權計，决難承認。今閱執事此次意見所解釋各節，謂無此意，則鄙人亦可稍予容納。至所更調各員，執事既願隨時討論更改，則無論何時，鄙人見有應予變更時，再提出意見。至所謂鄙人未到任以前，執事辦理各事，鄙人不能批評一節。鄙意與尊見不同，蓋所辦各案，既以總會辦名義辦理，於總辦到任，既應送其追認，則總辦如有不同意之處，當然可以表示意見。對事問題，非批評個人也。至總長方面對於執事於總辦未到任以前所辦各事，有何意見，此乃總長之事，非鄙人之事也。稽核所總辦符定一。

致孫傳芳電[①]

（一）

尊處放回鹽欵一案，前因團銀行扣還欠欵不能撥交。現經部署直接交涉，請於善後借欵準備金，暫爲挪借欵項，以濟急需。據稽核所會辦面稱，團銀行希望尊處嗣後對於蘇省鹽税，中央部份仍飭陸續撥解，方可磋商等語。特此電請尊處迅予電復，表示同意。俾得持向該團銀行，令其挪借濟用。無任感禱。顧維鈞、符定一同叩。

（二）

南京孫馨帥勛鑒：

感電敬悉。錢文選改任運使，擅提鹽欵，既違所章，

①電（一）載《晨報》1926年6月26日第二版。
電（二）載《世界日報》1926年11月4日第三版。
孫傳芳（1885—1935），直系軍閥首領，字馨遠。

自應令其解職，用示懲警。惟念該員在職十年，不無勞績，尚乞垂鑒爲禱。符定一、裴利克叩。冬。印。

致巴黎外長會電[①]

萬急，巴黎外長會議鈞鑒：

中國政府正擴大內戰，殘民以逞，人民死亡枕藉，一省達數百萬。此與去歲英、美、蘇三外長會議在莫斯科會議聲明，完全相反。唯一挽救方法，只有懇請貴處電促馬歇爾特使，切實制止此項內戰，並責成國民政府開放政權，仍由協商會議解決紛爭。特此呼籲，萬祈採納！

符定一　陳瑾昆

①原載《解放日報》1946 年 7 月 19 日第一版。陳瑾昆（1887—1959），法學家，曾任北洋政府和國民黨政府司法官。1946 年去延安，同年加入中國共產黨。

致何思源書[①]

思源先生執事：

閣下爲大吏，僕作老儒，各有千秋，幸甚幸甚！

玆有白者，本月十八日清晨三時，舍間老幼深睡，忽有劉某率兵士八，户籍警一，推門入問符某在何處，余即起，兵持槍實彈。劉問余姓名籍貫。余告以我是符定一，衡山人。劉忽索符應之，云應之有六十八歲。余告以本人六十八歲，應之爲余第三子，事不符，汝憑何犯我？劉忽問：毛澤東是衡山人否？余告以湘潭人。劉語無倫次，然意可知矣！劉逼余去警局。余問：犯何罪，誰發令，何以忽來逮捕？劉含胡其詞，曰：奉命請至警局。余不得已往警五分所。

劉佯電詢某處，忽而告余曰：人既非符應之，是錯誤，煩取舖保釋去。余忿然拒之曰：我何等人，著作之大，古

---

①原載《益世報（天津）》1947年2月26日第四版。何思源（1896—1982），著名教育家，曾任北平市長。

今第一。何市長無故把我捉來，他錯誤，我非他引咎道歉不能去。我能於千秋萬世後保證人，還欲人作保乎？劉見余詞嚴義正，向余猶子婉言，改用甲長證明。歸時兒輩至，以余體弱畏寒，勸忍痛而歸。歸時警士問甲長云：符宅有葉劍英來往，汝知否？甲長答：不知。定思政府頒憲法，口稱保障民主自由，今軍警違法暴行，以捕國家老儒如犬豕然，民主何在？自由何在？究竟捕余者誰？軍警之責誰實任之？余行年七十，遭此殘暴，遇此危險，後將如何？實深憤慨！蔣主席門下任紅軍將領者有人，軍調部係蔣所設，葉作委員，見之何尤？

再者，貴省漢時有鄭玄者，其著作囊括大典，網羅衆家。《後漢書·玄傳》載：國相孔融，命高密縣爲玄特立一鄉，號曰鄭公鄉。又玄自徐州還高密，道遇黄巾賊數萬人，見玄皆拜，相約不敢入縣境。定之著作雖不敢以孔相立鄉望執事，然貴部之不爲黄巾賊，則爲人民所共盼也。今乃以錯誤捕鄭玄一類之人，是又出黄巾下矣。倘不懲戒禁止，何以善後？

言念及此，爲之悲傷，特函抗議，祈予答復。敬頌勛祺！

符定一謹啓

與張仲陽論學書[①]

仲陽賢弟覽：

前接正月初二日書，欣喜無量。湘友箋啓，言學者鮮，獨來函談儒術，文采彬郁，反復省視，爲之欣然。書言湖南人爲學無師法，極中肯綮，紬繹之下，覺其中亦有別焉。

就楚南之師言之，有其師而無人效法者，屈子騷賦是也；有師復有人效法，而南風不競者，湘綺之駢散兼優是也。湘綺文學昌明西蜀。就下江之師言之，有得其師法，升堂而未全入室者，鄒叔績之於下江聲韻，王葵園之於江浙訓詁，是也。然叔績知聲韻而不解文字，葵園講訓詁而不憭文字聲韻，此其弊也。夫湘人漢學，以叔績爲優，此古文師也。師伏堂全書，有獨造之處，勝於湘綺、默深遠矣，則今文師也。葵園之《尚書孔傳參正》《詩三家義輯

①原載《大公報（長沙）》1947 年 3 月 22 日第四版。

疏》，則徘徊今古之間，其師法混殽焉。三君挈長較短，鄒、皮第二流，王爲第三流矣。

若鄙人之於三君，則有異焉。三君之學術，與湘綺之文章，非鄙人所景仰者。鄙人文宗孔、左，學説則服膺漢代，而參酌於清七子。七家各有師法，而湘人不預焉。七家皆長於音韻，除錢曉徵外，皆知韻而不知聲，除孔、嚴外，皆知韻而不諳對轉，戴爲對轉開山人物，然不在七子之列。各有短長未能兼美，蓋有遺憾焉。夫曉徵之於聲，稱雄二百餘年，鄒叔績、章太炎、黄季剛、錢疑古宗之。余依羅輯，尋其舛駁，攻其紕繆，作説聲四文，見《聯緜字典》首册。爲之全體訂正。楊遇夫所謂驚天動地者也，錢疑古謂與錢曉徵並駕。其實曉徵已駁倒，無立足之餘地矣。

若吾之於韻學，分部依王，而對轉變通孔、嚴、章、黄四家，似有獨得，可以千古也。見拙箸韻部表。至余書之於文字音釋宗許兼鄭，旁及漢魏諸家，以解剖生物分析化學法施之，以演繹歸納法羅輯綜之。考據而科學化，清七子所未有，近世章、黄亦不及此也。黄季剛謂湖南人有此，亦異事也。楊遇夫問季剛何以恭維若此，問時面發赤，余笑而不答，蓋祇可爲知者道，不知者難與言也。今爲子言之，不必爲遇夫門徒述焉。

來書謂江浙之訓詁聲韻，今則集成於鄙人，此爲知鄙人者，但語須改爲江浙文字聲音訓詁之學。王念孫有韻訓而不諳許之説解，一説雙聲全誤；段玉裁説解精矣，而不識韻之對轉，且全不知聲；俞曲園訓詁通矣，然不解文字，不知聲韻。集成於鄙人，足下妄言之，鄙人妄聽之，不可爲外人道也。

拙箸近撰有續更定表，玆寄一紙。定擬今年暑期攜眷南返，不知能成行否。餘不多及。敬頌

教祉！

南嶽圖書館可以藏稿，若改名，期尚須斟酌焉。足下以爲何如？

定一啓　三六，二，十四

墨藏銘三則[①]

（一）

弗曰可近，惟黑之慍。弗曰可廢，匠之用背。弗曰可磨，人胡蹉跎。[②]

（二）

筆之簡也敬，繩之木也正。惟敬惟正，罔弗用命。

（三）

毋近墨，近墨者黑。毋墨墨，墨墨者惑。

非黑非惑，其守黑知白，其不廢繩墨。

---

①選自何海鳴《求幸福齋叢話》，上海大東書局 1922 年。

②原注：意分三層，即慎交、循法、惜陰也。蘇詩："非人磨墨墨磨人。"

致顔棣生書[①]

棣生仁兄台鑒：

接讀惠書及大作，知足下對文字學有所研究，勝於一般説改革文字者多矣。不知此外有無其他著作，師承何人，是否出於章太炎、黄侃、錢玄同之門？

今人有不識字者，主張廢漢字，讀君之作，爲之慨然。鄙見漢字之諧聲與西字之拼音，其以音聲成字一也，而漢字以形諧聲者復以諧聲之形孳乳爲别一字，觸類旁通，六書繁衍，其特長非西字所有，未可抹殺也。

不但此也，鄙見欲廢漢字未爲不可，但須世界統一采用康有爲《大同書》之説，製出一種文字，殊有必要。世界有秦始皇出，廢各國文字，單用秦篆可也，今尚非其時也。不知君以爲何如？

①選自方繼孝《舊墨記》，北京圖書館出版社 2005 年，第 111—112 頁。

君若來京，可面談也。 餘不多及。 敬祝健康!

符定一啟

十二，十六

上毛主席書[①]

潤公主席：

啟者：一般旅京老人生計困難，去歲以來，他們因我公關懷，有設立養老機構之意，風聲所播，彼等不勝欣喜之至。去歲下半年，周總理秉承德意，屢次向本人表示，決定由政務院設立文史研究館。本人遂邀集若干老人坐談數次，徵求衆意，并陳述老人對於文史館研究的辦法。周總理辦事熱心，毅然負責，去歲冬季，派齊燕銘秘書長設立文史研究館的籌備處。籌備處總司其事者爲齊秘書長，助理齊秘書長者爲屈武主任，文史館籌備事務者爲王笑竹。據王笑竹説，現時文史館事已籌備齊全，祇要主席一批，即時可以開館。近幾天，這些老人對於本身療飢無術，對於文史館望眼欲穿，羣來向我詢問，逼我向主席催請，并説：催

①選自傅琳《中央文史館首任館長符定一》，載《名人傳記》2002年第九期。標題爲編者所加。

請如無效，主席自有個荅復,使老人有所遵循。有人說，若是因文史館的職員不能定，遂使文史館遲延開辦，則請政府先發表一批老人名單，先期照單接濟，免得老人緣門乞食也。以上所說老人的話，居多情詞懇切，不得不據以上聞。總而言之，文史館究竟能辦與否，請明以告我。萬一有困難須面語者，請派車來接我，即趨前聆教可也。

此致

敬禮

符定一謹啟

六月廿三日

時事評論

創辦湖南公立中學校理由書[1]

民國建立，由專制一躍而爲共和，操義既高，保持匪易，非有多數具完全普通知識之國民散布全國，將誰與立？是謀全省中學教育之改良，尚矣！唯學制未頒，時不可待，欲謀吾湘中等教育之進步，非合各府州縣合設一中學於省垣，斷難收學制統一之效果。其應創設之理由，綜爲六條，開具於後，特此呈明都督、司長俯賜察核，准予施行，實爲學便。

謹將創辦全省公立中學校理由條列於下。

（一）謀全省教育之統一。從來一國教育之方針，必與其政治方針互相應和，而後得雙方之效果。湖南交通未便，風氣各殊，各縣中學或則學科不備，或則程度相懸。至教育方針，則各持意見，毫無統系。以此言教育，與教育原則，實大相背馳。唯組織茲校，則合全省之青年學子

①選自《湖南省立第一中學校志》（1924）。作者爲符定一等。

而熔鑄於一爐，本國家大政之方針而爲教育之目的，則教育收統一之效果，而國家亦得教育之補助力。

（二）謀學生程度之齊一。學堂爲共同的教育，而非單獨的教育，故程度之高，須合一校一班而衡之。設程度過於參差，以之升入高等、專門各學校，殊多困難。且湖南高等學校既行停辦，則中學升入大學預科或高等師範，使以程度懸絶之學生，而爲專門學科之研究，學理高尚則難領受，過於淺易則又不感興味。唯組織茲校，則可合全省之中學生，爲同一之學程。

（三）謀中等教育之擴張。中等教育爲人才教育預備，不先具普通知識，不足言專門學問，不研究專門學問，不足言專門人才。是中學與國家，尤有重要之關係。湖南當未反正以前，邊遠州縣風氣未開，中學多未成立；反正以後，附近州縣亦因學費提充軍餉，暫行停辦。長沙聯合中學校則又囿於一府，造就有限，他郡求學之士未免向隅。普通教育之不講，專門人才之難得，實爲可慮。今組織茲校，則中等教育足以普及全省，無分畛域，近以謀教育之擴張，遠以爲人才之預備。

（四）可省教育之經費。教具不備，雖有良教育家，必無善良之效果，故圖書儀器一切用品，均不可不爲完善之設備。然欲一體購買，費資甚巨，以小縣之財力，實難肩任，以致因循敷衍，教者固無明白之解釋，學者亦無正確之領會。唯組織兹校，是校具可多設備，書籍足供詳悉之參考，儀器足供確實之試驗，消費之數雖稍增，而利用之度亦隨而增進，且於經濟原理亦甚相合。

（五）可謀教科之完備。研究學問，先普通而後專門。普通知識不完備，專門學問未有能深入者。故中學所列諸科，萬不可畸輕畸重。然各縣往往囿於一隅，教員難得，或則缺此一門，或則敷衍了事，教科不備，爲害至巨。今組織兹校，以省垣爲人才薈萃之區，借材異地擔任各科，不患無人，且鐘點互兼，延請教員，經費亦可節省。

（六）可擴學生之眼界。學問得諸教育之啓發力固多，而得諸學友之誘導力亦不少。蓋學問以競争而益求精進，且以觀摩而愈形活潑也。然僻縣見聞不廣，知識有限，天姿較優者，輒以新知已足，而生驕惰之心，雖有教師之獎進誘掖，或難必與有成。唯組織兹校，是全省學子共處一堂，可以互相觀摩，不獨知識一方面有無窮之長進，即道德一方面亦受無形之熏陶也。

中華民國元年一月十二日

勸輸國民捐啓[①]

嗚呼！我中國自革新以來，諸志士不惜背妻子、離鄉關、捐頂踵，以黑鐵赤血，推倒專制者，蓋欲攝我國魂，振我民族，完我主權，不忍見炎黄冑裔，有男臣女妾之羞。莽莽神州，有豆剖瓜分之禍。今者國魂歸來，民族已建，主權不落，海内外四萬萬男女同胞，方舉手相慶曰：吾中華民國成立矣，將振鑠於全球之上與東西强鄰并峙矣。

何邦家新造，府庫皆空，擬借外債，而外人有監督財政之要求。財政者，一國之命脉也。任何行政皆資於財，苟財政上畀外人以監督之權，即不啻一切行政上容外人有干涉之舉。我欲擴增軍備也，人將曰：限制之，毋事虚靡。我欲興辦路礦也，人將曰：調查之，方可採築。人左則左，人右則右，種種不得行動自由之困苦，皆自監督財政始。往者航線之開族路權之喪失，郵政關税之聘用，客卿亦既太

①原載《民立報》1912 年 5 月 15 日第十二版。作者爲符定一等。

阿倒持，反賓爲主矣。於前清飲鴆止渴之爲，不能消弭而又尤而效之，毋乃悖甚。顧是舉也，諾之爲波蘭、埃及之後塵，否之又呈轍涸舟膠之現象，二者皆難，不籌自顧之策，奚以免見制於人之困。

故黄克强先生與參議院各員，皆有國民捐之創□。此國民捐也，在君主專制時代，不必行；在民主共和時代，不得不行。何也？私國家爲己有，主治者責重，而國民責輕；公國家爲己有，執政者責輕，而國民責重。吾民國四萬萬之同胞，皆吾民國之主人翁也。人皆知總統與各國務部長及其他執政者，皆吾四萬萬同胞之公僕矣。

今公僕知毒藥之不可嘗試，不願受債主之要挾，致主人之土地房産完全之所有權授絲毫於外人，而乃請主人闔室而謀，省衣節食，出其私囊以顧固有之完全主權。爲主人者，將愛此土地房産，不容他人有一毫之侵犯，而俯從其議乎？抑棄此土地房産，使將來無寸土之存，無一椽之庇，而故違其議乎？有從無違，不待智者决。

僕等亦爲吾民國主人翁之一份子，不禁嘶聲掬淚，爲我同胞一振呼之曰：監督財政，我無立錐；艱難共濟，國民輸捐。

南京部黨員符定一宣言[①]

昨聞南京部於本月第一星期常會，經我會諸君，議於星期六，再開特别大會，表决事務所，歸併平民公學，殊深駭異。今日特邀同志廖君世淦、朱君郁生等數十人會議，以便届期公同討論。應先將本指南京部。部進行阻滯原因及亟□整頓理由，略抒管見，祈在黨諸君鑒核，始終維持爲幸。查本黨名義，在中國發生爲最早，南京部地點，由江君亢虎假定，中外皆知，未可遽行更改。至近來經濟困難，半由於繼高主任者，未能仰社會主義，必須身體力行之轍，遂致意見紛歧。甚有已書特捐□捐不繳者，甚至有不自量度妄行干涉言論者，各行其是、偏私阿好之輩，又争樹旗鼓，互相傾軋，致成今日現象。所以本部之平民公學及事務所職員，槩有仰屋興嗟之嘆。定一等既忝同列，何能恝置。務祈諸君，毋忘當日入黨簽名、所填誓願書，切勿

---

①原載《民立報》1912年6月8日第八版。

以現時機關稍形阻滯，遽爾灰心，赶踐“同心戮力、生死以之”八字爲歸宿，速將意見消除，恒存大公無□之思。此次特會處所，仍設毗盧寺。均祈撥冗惠臨討論，是所翹盼。

湖南全省中學校校長告諸生舉行遠足文①

徒步觀山水，其益古人道之詳矣，而其關係學校者，約有三端：鍛煉身體，體育也；發攄心性，德育也；擴充知識，智育也。三者，教育唯一之務，不可忽焉者也。

本校定於翌日舉行遠足，諸生統於午前八時，集校之門首，編隊伍，齊步伐，隨諸教職員先生，涉河跋麓山，登峰眺遠，履險探奇，流連把玩於碑禹碑、峒蟒蛇峒、鐘樹間飛來鐘懸樹間，約三小時許。

循山之麓，參觀高等師範學校，宋賢講學之地也，所謂嶽麓書院者是。繼而道屈子祠，至教育工場覽焉，畢復整隊以歸。諸生或物研動植物，或詞吐詩歌，或撰記序，均當著之日志，垂爲成績。

昔范文正登岳陽樓，慨然有先憂後樂之懷。諸生有志澄清耶，吾將於此遊卜之矣。

---

①選自《教育雜志（湖南）》，1913 年 6 月 15 日出版。

岳陽樓在麓山下游三百餘里，樓高而水深，諸生可立雲麓宫，望想之焉。

請政府咨送金券條例并擬定改革幣制條例交議案[①]

幣制關係極爲重要。國民不能一日無生活，即不能一日不與幣制爲緣。幣制利害之中於民，蓋無人無地無時而不密切者也。吾國泉幣原無系統，無主幣輔幣之分，無實幣虚幣之別，所有銀兩銀圓既非主幣，制錢銅元又非輔幣。銀銅雜用，從形式觀之，似不能不謂之貨幣。然以學理衡之，實無合法貨幣之充分作用，因之國際往來，匯兑之損失甚鉅，貿易之虧累尤多。即在國内經濟上之受害、財政上之受害，亦均難於計算。此不獨本國人感痛苦，即外國人亦感痛苦焉。

夫世界金融之趨勢，銀本位已不能足吾國貨幣，非銅本位亦非銀本位當然。非急爲改革，不可惟是。兹事體大，爲吾民全體生活所關，爲國際交易所關，爲處分絶大資本所

①選自《參議院公報》1919年第一期第六册。

關。改革之際，自不能不審慎周詳。八月十日政府公報載大總統頒布金券條例，命令中言財政部請厲行三年頒布之國幣條例。其實三年之國幣條例合理與否，尚待討論。此次之金券條例，爲幣制上極重要問題，是否可行，急待研究。在政府，毅然頒此條例，自具有改革幣制之決心，當然有改革幣制之計劃。查照約法第十九條第三項，應請政府將金券條例送院并擬定改革幣制條例交議，以符約法而利民生。擬請提付大會公決。

提出者：符定一

連署者：易克臯　何海鳴　周　渤　朱後烈　羅正緯

王運孚　湯用彬　向乃祺　吴德潤　廖名縉

吴道覺

請依法延長會期二個月以便議决預算同意外交案[①]

據《臨時約法》十九條二項與三十五條之明文所載，國會有議决預算、同意外交之職權，而此屆常會刻將滿期，預算年度瞬又開始，前經本會屢催，預算終未提出，致國家之歲計不公開，而議會之監督財政，終不能成爲事實。次則歐洲和議尚未終局，條約締結又須同意，此後之國際問題、蒙藏交涉，又無一不關國之大計、民之憂戚。議員等職責所在，不能不執行約法上之議决權與同意權，以盡代表民意之實。特依《國會組織法》第十一條，提議延長會期二個月，仰祈大會公决後實施。

提出者：符定一　王葆鋆　魏福錫

連署者：張佐漢　賀培桐　武繩緒　吳得禄　董景勳

---

①選自《參議院公報》1919年第二期第三册。

楊蔭喬　何霽峯　岳　維　董寶麟　孫孝宗
教德興　曾憲文　逯長曾　裴寶棠　楊逢盛
白建勳　阿昌阿　賀色畚　文子鐸　黃秉義
張　超　易克臯　楊　岳

憲法會議第五次會議符定一發言節録[①]

報載省議員李榮植，攻擊本席，謂爲學識不够，本席不能承認。本席自謂湖南人識字以本席爲最多，亦能作文章，讀舊書在二萬卷以上，習科學在五十門以上。所著之書，名《聯緜字典》，計百餘卷，葉焕彬先生許爲媲美《經籍纂詁》，江亢虎博士謂在外國非博士曾多數人不能著，斷非一人所能著。本席自信一生讀書不少，如謂經驗不足，則年只四十六歲，尚猶可説；謂爲不學，則攻擊太甚。至謂奔走帝制，則本席曾有此事。然此乃歷史上之成迹，一時政治上之主張不同。如謂奔走帝制之人不能卷入政治，則全不然。我們中國堯舜禹湯文武伊尹周公孔子，以及周程朱張，是不是帝制人物？現在英日各國，是不是帝制國家？民國元二年以前，是不是爲帝制時代？當時之人物是不是在政治上活動？况屬既往之事，又爲個人宗旨，以後

---

①原載《大公報（長沙）》1924年10月30日第六版。

做事光明磊落，何用攻擊！ 再本席敢發一句狂言：自命所有著述，在湖南文化上目空今古。 現時講舊學而有著述者除葉煥彬先生外，餘均未遑多讓也。

符定一啟事[①]

（一）

定一自慙薄植，忝長鹾曹，原賴時賢共爲匡助，凡承各界推薦之人，如有借重之處，即當折簡羅致以佐理。否則近年政費既形支絀，本署經費向有定章，雖延攬有心而縶維無術。叨承契愛，諒荷鑒原。特此謹白。

（二）

鄙人現居滬上，醫治目疾，曾未組織或加入任何團體、擁護任何人。特此申明，以免誤會。

①啟（一）原載《益世報（北京）》1926 年 7 月 7 日第二版。
啟（二）原載《益世報（天津）》1934 年 8 月 3 日第五版。
啟（三）原載《大公報（長沙）》1938 年 6 月 16 日第一版。

（三）

定一譔此字典，《聯緜字典》。歷三十年，其書義證條舉、音韻兼該、異文備陳、轉語羅列。朋儕見者，緦緦然慮其難成，迺本年四月全部脱稿，凡四百五十萬言，計八十五册。每册百葉。自有生民以來，一人箸一專書，文字多夥，此爲初見。類書如《玉海》、合集若《西河》不在此列。六十之年，得蕆斯業，亦云幸矣。亡友黄君侃曰：“從此下江學術，溯江而上往兩湖去矣！”定一自顧紕繆，媿不足當。書已定約，由商務書館出版，現正付梓。放《辭源》丁種版式西裝兩巨册。終日校讎，治亂不聞，董兹方策，秋期宣布，就正邦人。先楬櫫焉，告吾友好。再者，拙箸《新學僞經考駁誼》初版鬻罄，後出勘誤增補表，讀者可向商務館索取，并以奉聞。衡山符定一謹啓。二十七年五月二十四日。

要求蔣政府釋放兩無辜青年①

張啓道、符應之等人，今年七月中，在執行部中共方面任文書繕寫員等職，爲執行部之工作人員。後彼等自動要求數次赴張垣求學，投考華北聯大，經中共方面允許前去。這均是事實，絶無任何强迫引誘，也没什麽姓陶的和張等談話誘惑，自然更不是什麽中共的“地下活動”。這些話真不知從何而來。符應之是我的孩子，張啓道是我同鄉的子弟，彼等均年青純潔。這次從張垣回來，路經青龍橋，被政府軍隊扣押，迄今不知下落。中央社登載張、符二生談話與事實不符。政府既不讓青年去張垣求學，現該二人已回來，爲何又在扣押？真不知何故。希望社會各方能爲我呼籲，將兩個無辜被押的孩子釋放！這是我的希望。

---

①原載《解放日報》1946年9月12日第一版。標題爲編者所加。

我們對於時局的意見①

我們現在已經先後進入解放區來了。回憶去年五月一日，中共中央號召全國，建議召開包括各民主黨派、各人民團體、各民主人士的新政治協商會議，以加速推翻南京賣國獨裁統治，實現人民民主聯合政府。我們一致認定，這一解決國是的主張，正符合於全國人民大衆的要求。用特通電響應，並先後進入解放區，在人民解放戰爭進行中，願在中共領導下，獻其棉薄，共策進行，以期中國人民民主革命之迅速成功，獨立、自由、和平、幸福的新中國之早日實現。

進入解放區後，我們首先獲得的印象，便使我們充分欣慰，這裡充滿着民主自由的空氣，蓬勃向上的精神。生產建設發展猛進，社會秩序，有條不紊。工農商學各界，都能站在自己的崗位上努力工作，支援前線。中共黨員，尤

①選自《群衆》，1949 年第三卷第五期。

能以身作則，發揚高度自我犧牲的英勇精神，爲民前鋒，不辭勞瘁。而勞苦功高的人民解放大軍，正以雷霆萬鈞之威力，發動迭次攻勢，三閱月之間，先後殲滅了蔣軍百餘萬，解放了整個的東北，和控制整個的華北與華中。軍事的矛頭，已經指向大江南岸了。毫無疑問，在一九四九年之内，中國是要得到全面解放的。

在這樣的情況下面，美帝國主義卵翼下的南京國民黨反動集團，的確是快要土崩瓦解了。軍事掙扎既已絕望，乃改變花樣，企圖以政治陰謀苟延殘喘。早在北線蔣軍開始潰退時，美帝國主義即已發動其陰謀活動，採取着雙管齊下的壞破中國革命之毒計，一面企圖在革命陣營内醖釀反對派組織，希望阻止或緩和革命的步驟；一面，則嗾使南京反動集團，發動和平攻勢，以争取時間，讓反革命殘餘勢力在大江以南或邊遠省份作最後掙扎。這是值得我們警惕的。

我們今天要明白表示我們的信念。我們認爲，革命必須貫澈到底，革命與反革命之間絕無妥協與調和之可能。辛亥以來，屢次失敗的慘痛教訓，我們是應該牢牢記取的。在今天，帝國主義封建主義和官僚資本主義，是中國人民革命之對象，是障礙中國實現獨立、民主、自由、幸福之最大敵人，倘不加以澈底肅清，則名實相符的真正和平，絕不能實現。因此，我們對於蔣美所策動的虛僞的和平攻勢，必須加以毫不容情的摧毀。而在我們人民民主陣線内，更必須提高我們的警惕，整肅我們的陣容，齊一我們的步伐，鞏固我們的團結，以防止反革命勢力之侵入。人民民主專政應容納最廣泛階層人民之代表，而不能容納反革命細菌；使最大多數人民有充分之自由，而不能使少數反動分子有反人民之自由。因此，我們確信，全國真正爲民主革命而努力的人士，必能一致努力，務使人民民主陣線之内，絕無反對派立足之餘地，亦決不允許有所謂中間路線之存在。

反動政權在摇摇欲墜的當前和平攻勢是越來越離奇了。中國的第一號戰犯蔣介石的元旦廣播，便公開了第一次求和的哀鳴。然而，那完全是出於欺騙。他把他禍國殃民、昭昭在人耳目的歷史罪狀，完全推卸了，厚顔無恥地竟提出了這樣一些條件："只要和議無損於國家的獨立完整而有助於人民休養生息，只要神聖的憲法不由我而違反，民主憲政不因此而破壞，中華民國的國體能够確保，中華民國的法統不致中斷，軍隊有確實的保障，人民能够維持其自由的生活方式與目前的最低生活水準，則我個人更無復他求。"有了這些條件，以四大家族爲首的蔣朝政權儘可萬世一系，還要“他求”什麼呢？故他最後强調，他要與中共“周旋到底”，而呼籲着“軍民一體，舉國一致，團結奮鬥”。這就是蔣介石的最終目的。

今天是我們中國人民的最後考驗。我們多災多難的中國人民，我們相信，决不會再受蔣美反動陰謀的欺騙。但在少數人的氣質中，也竟有這樣的弱點存在，以協調爲上德，以姑息爲寬仁，在苟且偷安的本質之上，披覆着悲天憫人的外衣。這就是敵人施行和平攻勢的最後心理根據，也就是敵人的最大奥援。我們爲了摧毁殘敵，這最後的奥援也是應該連根剷去的。

人民民主革命，在中共領導之下有了今天的成就，决非輕易得來。在今天，誰如要偷安縱敵，而使革命大業功虧一簣，誰就成爲中國革命的罪人，民族的罪人了。但我們很愉快而且很興奮，我們畢竟看到了中共主席毛澤東先生最近所發表的對時局聲明。爲了貫澈革命到底，爲了粉碎和平攻勢，他明快、堅决、周密、嚴正地揭穿了蔣美集團的陰謀，而提出了真正的人民民主和平的八個條件：一、懲辦戰争罪犯；二、廢除僞憲法；三、廢除僞法統；四、依據民主原則改編一切反動軍隊；五、没收官僚資本；六、改革土地制度；七、廢除賣國條約；八、召開没有反動分子參加的政治協商會議，成立民主聯合政府，接收南京國民黨反動政府及所屬各級政府的一切權力。這八項條件，正是對於蔣介石所提無耻要求的無情反擊，我們是澈底支持的。毫無疑問，全國人民的公意是在這兒反映出來了。我們希望全中國人民，全民主統一戰線上的戰友，務須一致團結，採取必要行動，堅决執行人民的公意，而使這八項和平條件迅速地全部實現。

今天是我們人民翻身改造歷史的時代了，我們要創造一個人民做主人的自由的生活方式，和儘可能地高度的生活水準，而不是如蔣介石所要求於我們的“維持目前的生活方式和最低的生活水準”。蔣介石要我們始終做四大家族和美帝國主義的奴隸，而我們則是要做人民民主共和國的真正的主人。爲了達到這一目的，毛先生所提出的八項條件，正缺一不可。不妨讓我們换一個語調來重述一遍，即是：“戰争罪犯必須懲辦；僞憲法和法統必須廢除；一切反動軍隊必須依據民主原則改編；官僚資本必須没收；土地制度必須改革；賣國條約必須廢除；南京反動政府與其所屬各級政府的一切權力必須接收；而將要召開的新政治協商會議和將要成立的民主聯合政府也必須拒絶反動分子的參加。”一句話歸總，便是人民革命必須進行到底。革命進行到底的一天，便是真正的和平到來的一天，全面解放到來的一天。解放了的人民，力量是無比强大的。請看我們友邦蘇聯吧，建國僅僅卅二年，已經成爲全世界最堅强的和平堡壘了。我們中國人民多過蘇聯兩倍以上，再加以地理上的優越條件，我們敢相信，把反動政權摧毁以後，我們能以較短的期間建設成一個和平、民主、自由的新中國；人民民主共和國。光明的遠景在我們的前面，我們應一致努力。一月廿二日。

李濟琛、沈鈞儒、馬叙倫、郭沫若、譚平山、彭澤民、章伯鈞、李錫九、蔡廷鍇、周建人、符定一、章乃器、李德全、胡愈之、沙千里、茅盾、朱學範、陳其尤、黄鎮聲、朱藴山、鄧初民、翦伯贊、王紹鏊、吴晗、許廣平、楚圖南、丘哲、韓兆鶚、馮裕芳、許寶駒、田漢、洪深、侯外廬、沈兹九、宦鄉、楊剛、曹孟君、劉清揚、張曼筠、施復亮、孫起孟、嚴信民、李民欣、梅龔彬、沈志遠、周穎、安娥、吴茂蓀、何懼、林一元、賴亞力、孔德沚、袁震、沈强、王藴如等五十五人。

赤忱擁護進軍命令[①]

讀了毛主席、朱總司令四月二十一日的命令，覺他們所云堅決、乾净、全部殲滅敵人，字字真切，的確令人興奮痛快，再好没有。我們中國革命三十八年矣，因主義不好，實行主義的人們，又是挂羊頭賣狗肉，所以愈弄愈壞。現在毛主席、朱總司令以堅決徹底的手段，實行和平協定，厲行新民主主義，解放全中國，把禍國殃民的土匪、軍閥、特務、戰犯，驅除務盡。全國解放，人人不受壓迫；全國增産，人人都有生活。如此革命，完全是爲人民，人民没有不喜歡的，没有不擁護的。自本月二十一日發出殲滅全部敵人的命令，是日渡過長江的軍隊，聞有三十萬之多。到二十二日，則渡江的捷報，傳有百萬大軍。到二十三晚，則電告南京解放。這種勝利的狂飛猛進，就是軍民拚命擁護毛主席、朱總司令命令的證明。我是湖南的一個老百

---

①原載《人民日報》1949年4月26日第一版。

姓，渴望解放軍多多的、猛烈的、十萬火急的殺過江去，救活我們湖南水深火熱的同胞。我又是一個著書傳後的人，比那劉邦時的壺關三老，地位或者高一點，不願意輕於説話。今天感戴毛主席、朱總司令的功德，不能不略説幾句，以表示赤忱的擁護。四月二十四日。

購買勝利公債，乃人民應盡的義務[①]

購買勝利公債，乃人民應盡的義務，有一分力量，就應該購一分，有十分、百分、千分的力量，就應該購十分、百分、千分。現在人民認購公債這樣地踴躍，實是愛國家、愛政府的具體表現，并足以證明政府所作所爲，已得到人民的信仰與擁護，勝利完成，更屬豪無疑義了。

①原載《人民日報》1950年2月7日第四版。標題爲編者所加。

《中蘇友好同盟互助條約》是世界和平的保障[①]

由於中蘇兩國人民傳統的友好和斯大林大元帥與毛澤東主席精誠合作的關係，中蘇兩國已於二月十四日在莫斯科簽訂了《中蘇友好同盟互助條約》，及關於中國長春鐵路、旅順口及大連的協定和關於蘇聯貸款給中華人民共和國的協定。這些新的條約、新的協定，不僅是中國百年來外交史上最光榮的一頁，而且在鞏固世界和平的事業上，打擊帝國主義者的陰謀與行動上，將會發生絶大無比的作用。衆所周知，現在世界上衹有兩個陣營：一個是以蘇聯爲首的人民民主陣營；另一個是以美帝爲首的帝國主義侵略陣營。而中國地大物博，擁有四億七千五百萬人口及强大的人民解放軍，這在世界和平陣營中，無疑地是一支强大的力量。因此自毛主席赴莫斯科後，華爾街不由得不誠惶誠恐，手忙

①原載《人民日報》1950 年 2 月 20 日第四版。

脚亂，由美國國務卿艾奇遜等人到處造謡，施行挑撥離間的陰謀，如捏造“蘇聯正謀兼并中國北部”等等。今中蘇新的條約公布了，帝國主義的一切造謡，不攻自破。條約中更明白規定：“共同防止日本帝國主義之再起，及日本或其他任何形式在侵略行爲上與日本相勾結的國家之重新侵略”，足以證明中蘇兩國人民今後將永遠爲世界和平事業同患難、共利害，决非美帝陰謀所能破壞。至於新的協定，更是蘇聯國際道義的具體表現，大有助於新中國經濟的發展。因此，新的條約和協定，對於世界和平事業是增加了保障，那怕戰争販子們不發抖咧！

中國不是孤立的！中國人民從此更加堅强地站立起來了！我們感謝斯大林大元帥兄弟般的友愛，和毛澤東主席爲人民服務的賢勞。我們高呼：

中蘇友好合作萬歲！

美帝侵朝失敗的緣由及其末路①

此次美帝侵朝失敗的行動，當初他自以爲做得很好，他的做法，一方面愚弄聯合國，驅使那些國家的人民替美國當炮灰，又一方面使用美國人掌威權，想把侵略如有所得的利益，都爲美帝所有，再一方面打仗要用的武器和其他軍需品，貨物皆歸美國推銷，自以爲所得是實，這是他美帝將來的好處。那知道，中國有一個偉大卓絕、舉世無雙的英雄毛澤東，在這裹領導四萬七千五百萬人，是不能坐視不理的，這四萬七千五百萬的人民要組織志願軍，要把美帝呼喚來的這些妖魔，僞稱“聯合國軍隊”者，概行趕出去。這位大英雄是不能禁阻的，趕到江裹好，趕到海裹也好，是決不准這些妖魔到中國的鴨緑江邊飲馬的。或曰：五年以來美帝把持聯合國，世界聽其操縱，何以侵朝失敗，一至於此？我就説美帝失敗，實有由來：第一，中國志願軍英勇

①原載《人民日報》1950 年 12 月 15 日第三版。

無敵，當之者靡，美帝發難遇此，自然不能支持。第二，中國領導者，得道多助，新民主制勝，美帝處資本主義最後階段，充滿矛盾，難免崩潰。第三，美帝勞師襲遠，兵家所忌，自找没趣，作孽不可逭也。第四，美帝寡不敵衆，相形見絀，敗如山倒，後悔無及。第五，美帝財多身弱，弱不敵强，臨陣脱逃，無法當敵，望風而降。由上六端看來，美帝之敗，勢所必至。然則美帝將如之何？曰：美帝還是要操縱聯合國，説什麽中國干涉，就什麽十三國提案，説什麽六國提案。這些話，都是要淆亂是非，但是實際上却毫無出路。在這種情勢之下，美帝應該唱一曲《猛回頭》，把侵朝的聯合軍趕快全部撤回去，如若不然，則那侵略軍祇有逃亡至日本，再不然，則祇有俘虜就擒而已。

“七一”獻詞[①]

三十周年，輝煌域外，

二五長征，逴躒寰中。

一九五一年七月一日，爲中國共産黨建黨三十年紀念的大慶。我們回想，自共産黨成立以來，經歷第一次、第二次、第三次革命戰爭時期，又閲過抗日戰鬥時期，又經歷人民共和國成立時期，這種功勛，是何等魁偉，這種精神，是何等卓絶。迄至抗美援朝，英勇奮鬥，把歐美的聯合十六國打垮，使這些帝國主義國家，莫能向朝鮮北部伸張。此種光榮，爲東方歷史所未有者。毛主席領導中國共産黨的偉大光輝若此，斯中華人民共和國之福，亦世界各國人民共同之庥也。

---

①原載《人民日報》1951 年 7 月 6 日第一版。

附录

柬符定一七律二首[①]

吴獬

（一）

十載離如九萬秋，此生相見分無由。豈期衡嶽嶽東院，重聚麓山山下樓。青已出藍良足畏，朱將成碧尚何求。强顏且竊廬陵語，道放蘇家出一頭。

（二）

新知舊學記商量，戰藝研經冠幾場。掌苦燈前焦子若，心開夢裏賀知章。蛟龍奮迅出三峽，驥騄嘶騰逢九方。我檢篋中舊藏卷，朗吟還似響笙簧。

①選自《一法通》，中國言實出版社 2006 年，第 75 頁。

贈符宇澄署長李君席上作①

梁籟園

賁海才高望正深，
太公風接政維今。
尚書聲氣通劉晏，②
俊傑人言説李音。
民食從容天下計，
水晶澹泊古賢心。③
鳥啼春蔭槐香遠，
獨有榮名冠士林。

---

①原載《順天時報》1926 年 10 月 30 日第五版。
②原注：謂與潘馨航總長合爲兩賢。
③原注：水晶，鹽名。

贈符宇澄兼爲推星命有作①

葉德輝

南離火維應朱雀，紫雲華蓋張衡霍。星分翼軫接長沙，天精地靈鬱磅礴。惟嶽有神降申甫，中興將出湘鄉幕。水軍初起重彭楊，紫光畫像追褒鄂。五十年來盛甲科，一彭二李雲中鶴。② 題名金榜託同年，芙蓉鏡裏花開落。詎知不朽古有三，立德立言功不若。何況榮名瞥眼空，黄槐丹桂風吹籜。庚辛亂後學堂興，莘莘士子趨浮薄。十年革命九鼎傾，莫干不祥金不躍。符生拔起文中豪，勝人十倍才開拓。少年問字從吴皮，③老師何用追王郭。④ 貫通許鄭窮六經，爾雅辨言觀古略。年來南北苦奔

①選自《葉德輝詩文集》，岳麓書社2010年。

②原注：一彭，向青觀察以二甲一名，館選留，授編修。二李，杜生、卯生兄弟同科庶吉。

③原注：吴，巴陵吴鳳蓀大令獬。皮，善化皮鹿門孝廉錫瑞。

④原注：王，湘綺講學。郭，養知侍郎。

馳，丹鉛在懷書在閣。閉門著有等身書，書成不肯輕穿鑿。我初論交乙卯春，他山有石時攻錯。東林幾復社有名，箕口生逢星曜惡。重來人海話前塵，風聲草木兵時作。君仍握管不停揮，我自觀棋無一著。垂簾偶爾效君平，語人忠孝人驚愕。命宮磨蝎笑文人，韓蘇異代相嘲謔。文星萬古有光芒，印綬輕於犬羊鞹。他日還山訪鄴侯，火中煨芋防人攫。

易克臬致符定一電[①]

鹽務署符署長鑒：

□密。帥座有二十五日到漢，感親到汀泗橋督戰，現業已頂住。若遲到一日，武昌失矣，險哉險哉。馨帥來電，亦將即日到九江。此間預備四師九混成旅，組織二軍團定湘，或者亦即以此平粵。餘續聞。弟克臬。艷。二十九日。

①原載《世界日報》1926年8月31日第二版。易克臬（1883—1967），長沙人。曾在湖南省立一中任教，後任湖南教育廳廳長、北京教育部高教司司長。創辦《湖南教育雜志》。

孫傳芳復顧維鈞、符定一電[①]

北京財政部顧總長少川兄、鹽務署符署長宇澄兄均鑒：

佳電祇悉。八月份鹽欵，前承冬電囑放，以未據報有成數，業經電復在案。現在尚未報齊，正在催辦，稍緩時日，即當放還。特覆。孫傳芳。印。文。十三日。

①原載《益世報（北京）》1926年9月14日第三版。附篇同此。

附：鹽務稽核總所致孫傳芳電

南京孫馨帥勛鑒：

奉尊電，深爲感謝。現在秋節在近，中央政費，專賴此鹽税以爲挹注。務請飭令從速發放，以濟要需，不勝盼禱之至。鹽務稽核總所。印。

靳雲鶚致符定一電[1]

（一）

鹽務署符署長宇澄兄鑒：

□密。真十一日酉電敬悉。日前赣省戰事，甚爲激烈，九江頗形吃緊，頃已轉危爲安。議和之説，恐非事實。此間五路進攻，魏、任、龐、梁、高各部，均已次第出發。三兩日内，即可與敵接戰。時局至此，惟有盡力猛攻，以博最後之勝利。尊處有何消息，仍乞隨時見示爲盼。弟靳雲鶚叩。文。十二日申。

---

①電（一）載《益世報（北京）》1926年10月16日第二版。
電（二）載《益世報（北京）》1926年10月20日第三版。
電（三）載《世界日報》1926年11月4日第二版。
電（四）載《世界日報》1926年11月13日第三版。
靳雲鶚，靳雲鵬之弟。1925年支持吴佩孚，先後與奉軍及國民軍作戰，任河南省長，又改任陝西督軍。

（二）

鹽務署符署長宇澄兄鑒：

密。日來我軍冒雨前進，已先後到達指定地點。信陽附近之敵，已將所佔圭山平橋退出，向武勝關構築工事，意圖頑抗。現正催促各部，乘敵布置未妥，兼程猛進，施行攻擊。現接孫馨帥刪十五日自九江來電，贛方戰事得手，鄂北敵方空虛，蔣介石並有在贛受重傷之説，並以奉聞。弟靳雲鶚。洽。十七未。

（三）

鹽務署符署長宇澄兄鑒，□密，並轉少南蘊鼎泗英兄同鑒：

儉電祗悉。川黔湘各軍，陸續東下；蘇皖贛各軍，迭獲勝利。會師武漢，指日可期。此間各軍，亦已到達前線，正在佈置陣地，日内即可開始攻擊。京師有何聞見，務祈隨時惠示爲盼。弟靳雲鶚叩。東。一日辰。

（四）

鹽務署符署長鑒：

此間頗知時機不可失。弼帥寇英傑已於前日返鄭，籌備後方接濟。一俟餉彈籌齊，中路各軍即行反攻。知念特聞。靳雲鶚。真。十一日。

吴佩孚致符定一電[1]

鹽務署符署長鑒：

□密。蒸十日電悉。致荐青靳雲鶚電，所論極是，目前處境確是如此。惟荐青已迭電聲明，即日進攻矣，惟餉絀可憂。兄能籌濟軍費，則收復武漢非難事也。望竭力設法爲要。此復。吴佩孚。真。十一日酉。印。

①原載《益世報（北京）》1926 年 11 月 14 日第二版。

江亢虎致符定一書①

宇澂學長：

前承惠贈等身肖像，頃復奉到字典樣本，忻悉不朽盛業，親見完成，公私抃賀。兹擬預約五部，未審手續如何。附塵拙作長律，並盼便中賜和。滄桑歷經，朋舊四散，俛仰今昔，不盡遐思。即敂箸祺，順希裁復。

江亢虎拜

①原載《晨報》1942年10月10日第四版。江亢虎（1883—1954），中國社會黨創始人。

與符字澂先生論《聯緜字典》書[①]

宇澂先生足下：

承以大箸《聯緜字典》樣本見示。昨於船中悉讀之矣。書中發前人所未發，稗益後學不少，王、黄、葉諸序言之詳矣。弟雖不識字，然夜珠在室，幸得嚮明，其望大箸之速爲刊行，實如飢渴。玆有土壤，用塵清几。大箸固言專講字義矣，然形聲不明，義亦多晦。故大箸於聲實詳，蓋有不得不然者也。然於形則云古今絶作，無須贅文。何也？竊願同詳，使學者展卷而源流畢具，不爲異義偏詞所惑，其庶幾乎？不然，所謂解一字至數十説，申一義至數千言，而於其部本字之形略之，可乎？

如荷採納，請於每字之首，先列單字，詳舉其聲形義。如一部，先將一字專列一行，於其聲注於悉切，以後一二，

---

①原載《國學論衡》1935 年第六期。作者羅植乾（1880—1950），衡陽人，民國官員，著有《巡視醴陵日記》等。

則僅僅注二而至切，一個僅注個古賀切，所有一字之於悉切，均不再注。並注今韻入質，古韻第十七部。於其形，由小篆而古文，並列金石骨甲之文。於其義，注以惟初大始，道立於一，並注六書爲指事。如此，則說文聚訟，得一折中，其功不尤足多歟？而况是亦先生《凡例》十三所言探本蒼籀之意乎？大箸聯緜，不限於雙聲韻，誠駕張氏而上之。然所引聯緜，猶限於上聯下，未通下聯上也。可否更益，更以下聯上，如於一二、一個之外，而曾以抱一、太一、得一之類，凡《佩文韻府》所列漢魏以上各說，一併擇入，以先生之博而精，曾益固甚易也。

以上二則，是否有當，惟辱教爲幸。耑此。即頌

撰祺

植乾白。一月十八日，益陽旅次。

毛澤東致符定一書[①]

(一) 1936年11月28日

宇澂先生夫子左右：

德芳世妹返平，帶上鄙函。隨接復示，絨衣、食品忌宜各事，三軍之士，有如挾纊。今日又接十一月十日大示，更定表多紙，自當遵囑分致茂老諸人。時局雖紛亂，不久自當理出頭緒。天寒，尚祈珍攝。敬頌

道安

學生毛澤東

一九三六年十一月二十八日

---

①書（一）（二）選自隗芾《在長春發現的毛澤東同志早期書信》，載《北方文物》1986年第三期。書（三）（四）選自曾珺編著《毛澤東書信背後的故事・與恩師符定一的情誼》，浙江人民出版社2015年，第52—53頁。

（二）1946年9月30日

宇澂先生夫子道席：

既接光儀，又獲手示，誨諭勤勤，感且不盡。德芳返平，托致微物，尚祈哂納。世局多故，至希爲國自珍。肅此。敬頌

教安不具

受業毛澤東

九月卅日

（三）1950年2月21日

宇澂先生：

來示敬悉。退押事及房契一件，已交統戰部李維漢部長，與先生商酌處理，請與統戰部接洽。章先生信奉繳。順頌

日安

毛澤東

二月廿一日

（四）1953年7月7日

宇澂先生：

今日收到惠書，説尊著《聯緜字典》再版囑爲題詞事。我對尊著未曾研究，因此不可能發表意見。所謂“秦皇漢武之業”，大概是先生聽錯了。先生是著作家，似不宜與古代封建帝王的事業作類比。方命之處，尚祈鑒諒爲荷。

毛澤東

一九五三年七月七日

附：商鞅徙木立信論[①]

普通一班毛澤東

吾讀史至商鞅徙木立信一事，而嘆吾國國民之愚也，而嘆執政者之煞費苦心也，而嘆數千年來民智之不開、國幾蹈於淪亡之慘也。謂予不信，請罄其説。

法令者，代謀幸福之具也。法令而善，其幸福吾民也必多，吾民方恐其不布此法令，或布而恐其不生效力，必竭全力以保障之，維持之，務使達到完善之目的而止。政府、國民互相倚繫，安有不信之理？法令而不善，則不惟無幸福之可言，且有危害之足懼，吾民又必竭全力以阻止此法令。雖欲吾信，又安有信之之理？乃若商鞅之與秦民，適成此比例之反對，抑又何哉？

商鞅之法，良法也。今試一披吾國四千餘年之紀載，

①1912 年符定一任湖南全省公立高等中學校校長時，年僅十九歲的毛澤東憑借此文獲得符校長的關注與青睞。

而求其利國福民偉大之政治家，商鞅不首屈一指乎？ 鞅當孝公之世，中原最鼎沸，戰事正殷，舉國疲勞，不堪言狀。於是而欲戰勝諸國，統一中原，不綦難哉？ 於是而變法之令出。 其法懲奸宄以保人民之權利，務耕織以增進國民之富力，尚軍功以樹國威，孥貧怠以絶消耗。 此誠我國從來未有之大政策，民何憚而不信？ 乃必徙木以立信者，吾於是知執政者之具費苦心也，吾於是知吾國國民之愚也，吾於是知數千年來民智黑闇，國幾蹈於淪亡之慘境，有由來也。

雖然，非常之原，黎民惧焉。 民是此民矣，法是彼法矣，吾又何怪焉？ 吾特恐此徙木立信一事，若令彼東西各國文明國民聞之，當必捧腹而笑，嗷舌而譏矣。 烏乎！ 吾欲無言。

舒新城致符定一書[①]

據聞中國文字改革之方向，將採拼音、橫寫、字母，用民族形式的道路。並聞中央人民政府教育部正在準備簡體字，將逐漸公布施行。在原則上，漢字將逐漸被淘汰，不過時間將甚長。將來一般人即使均使用拼音字，漢字仍有保存之價值。至低限度亦當如歐洲文字中之拉丁文，專備專門學者之研究。

《聯緜字典》在中國文字學上，有其本身之價值，應可長期存在，備供閱讀中國舊籍人士之參考。不過中華書局之出版專（叶）〔業〕爲農（叶）〔業〕及外國語文以俄文爲主。與蘇聯介紹。對於非專（叶）〔業〕範圍之專門辭典，無力兼顧。如字典辭書出版社成立後，《聯緜字典》

---

①選自方繼孝《舊墨二記》，北京圖書館出版社 2006 年，第 215－217 頁。舒新城（1893—1960），出版家，辭書編纂家。1930 年任中華書局編輯所所長，後一度代理總經理。舒新城早年在湖南高等師範學校求學時，校長爲符定一。

之紙版可以商量移轉。

敬上宇澂夫子。

生舒新城上

一九五二，十，三十一

旅京湖南學界爲符定一更正[①]

敬啟者：頃有公啟一紙，末署“湖南學界”字樣，其措詞純是挾嫌捏誣，污衊符君定一個人。同人等屢議湘事，志在救國，決不作此無聊之事，名譽攸關，特此更正。

北京大學湘人楊亦曾、賓鵬□、楊文冕、李季、歐本鵬、曾秉衡、申□，北京高等師範湘人趙瀚吉、向同、劉瑛，北京農業專門學校湘人廖哲鎏、曠運文，北京中國大學湘人康醉淵、符廷偉，北京高等警官學校湘人鄧定詩、康强，財政講習所湘人王鋭、賓仕澤，保定軍官學校湘人蕭立，獸醫學校湘人劉廷幹等同啟。

①原載《益世報（北京）》1920年1月6日第二版。下篇同此。

湖南旅京政學界爲符君定一辯誣

敬啟者：頃有公啟，假托湖南學界名義，污衊衡山符君定一，殊駭聽聞。嘉言等與符君，或同里，或同縣，或同省，起凡等亦與符君舊交，遍詢學界同人，絶無發行是項公啟之事，並確知符君在湘任教育多年，持身嚴正。其祖南溟先生，其父義玉先生，均係縣學生員，《詩》《禮》門庭，師承有自。啟中所説，全係挾嫌捏誣之詞。榻帖匿名，原可不理，唯以事關名譽，士君子應維持是非之公。辱及祖先，人所難忍，寸楠爲證，用闢其誣。敬希公鑒爲幸。

旅京湖南衡山人陳嘉言、唐乾一，旅京學界湘人黄右昌、向振風、吴起凡、武紹程、朱振黄、王鳳昌、張幹、段廷珪、黄振、杜俞、晏才猷、何海鳴、張宣、周渤，湘籍國會議員李棠生、吴德潤、易順豫、吴劍豐、朱後烈、吴凌雲、向乃祺、陳琢章、楊岳、易克臬等同啟。

章太炎復錢玄同書（節録）①

符定一所著《聯緜字典》，實較明人《駢雅》爲優。去歲在北，渠即屬僕與季剛作序，季剛《序》已成，而僕苦思不得一字，以此負之，暇或爲作數行耳。

---

①選自湯志鈞編《章太炎年譜長編·補編》，中華書局 2013 年，第 844 頁。

張棡日記（1940）一則[①]

晨起看《新學僞經考駁誼》。此書係符定一作，將康氏所云僞經之説一一加以批駁，計有卅一條，皆持之有故，言之成理。按康書初出時，當日安維峻亦嚴爲參劾，而同時如洪良品、朱一新、劉師培輩，無不大聲駁斥。不意後來又有符氏更詳密攻擊之，從此康氏之名掃地矣。縱梁卓如力爲其師標榜，究歸無補於萬一也。

①選自温州市圖書館編《張棡日記》，中華書局 2019 年，第 4483 頁。

符定一編《聯緜字典》上半部出版[①]

湖南符定一先生，昔參吴佩孚戎幕，後綰鹽政。公餘輒好文字訓詁之學，因取高郵王氏所説之聯緜字，擴而大之，編爲《聯緜字典》，凡數百萬言，經始於民初，至今年一月始由北京京華印書局將上半部排印出版，内附符君自序及叙例，對編著經過，叙述頗詳；唯符君每好自矜，似失學人之恉。至其書取材，至六朝而止，對研究古籍，自不無便利；若近代語言，導源於宋元以來之戲曲、小説爲多，似（須）須賡續爲之，始能貫通致用。昔國語統一籌備會有《中國大辭典》之編輯，從事十餘載，于役數十人，材料雖多，成書無日，國亂未已，不知何時始能付諸剞劂，言之增感。又，符君對錢大昕"古無輕脣音"等舊説，皆有駁辨，海内專家，亦大可一觀其意見也。

①原載《真知學報》1943年第三卷第一期。

符定一治學小記[①]

馬念祖

符定一字宇澂，號誠齋，湖南衡山縣人，一八七九年生，一九五八年逝世。清光緒末年，他畢業於京師大學堂，歷任湖南教育會會長、衡岳師範學校校長、國會議員等職。民國十五年任北京政府財政次長兼鹽務署長，民國十六年辭任，乃絶意政界，從事著述。

符氏治學，猶承清代乾嘉時所謂正統派之學風，篤守經古文派之遺緒。當符氏就學於京師大學堂時，雖受經學於長沙經今文大師皮錫瑞，而符氏轉信經古文派之學説，猶錢玄同氏雖受業於章太炎，而反信守經今文大師之康有爲也。

經古文學之重點在小學，必精研聲音、訓詁，而後始有深切之認識。故符氏所以篤信許氏《説文》，以漢唐注釋

①選自《文史資料選輯》第八輯，中國文史出版社 1986 年，第 85－89 頁。馬念祖，民國時期學者，燕京大學目録學研究員，著有《僞書舉例》《水經注引書考》等。

爲依歸。人或以見隘譏之，而符氏弗顧也。兹就符氏已成之著作，如《僞經考駁誼》及《聯緜字典》，與得之符氏之口談者，更以我個人之所目見者，撮舉其要略而記之。但符氏以篤守經古文家法，而深斥經今文，又以遵循許氏《説文》爲主，而不信古器物之文字，時至今日，猶謂殷墟甲骨文字爲贋作，不特失於見隘，實於平生造詣有極大之缺陷也。

兹先就《僞經考駁誼》而述之。符氏曾與吾昌言曰：康南海氏《僞經考》，乃舉經古文群經而辟之，故欲攻康氏之書，亦必先通貫群經而後可，否則支離破碎無濟也。當年張之洞曾欲攻駁康氏之書，乃先物色能辟康書之人物，當時有以章太炎炳麟薦者。張氏乃禮聘之，但章氏精於《尚書》及《左傳》，他經皆非所長，故所得殊淺。自晤張之洞後，在武昌荏苒數月，迄無所就，乃托故而去滬。若太炎者，乃晚近唯一經學中正統派之大師，對康著尚且難於著筆，他人更無足當其任矣。而最近一九三一年又有錢氏玄同爲康書——《僞經考》新刊本作長叙，以揚其余波，而僞經之説乃益形熾烈。余兹以今學引古經者，以證古經之不僞，如矢破的，凡舉三十一事，雖未具體，其犖犖大者，則駁斥無遺矣；其小者，則無待喋喋之詞費也。兹舉符氏所口述者，其見諸《駁誼》一書者不再及。如《漢書·地理志》，康氏已承認爲今學，其中“古文”字凡十一見，“《禹貢》”字凡三十八見，其云“《禹貢》”者，乃古、今文《尚書》相同，其云“古文”者，乃古文《尚書》也。康氏既謂《史記》之“古文”字爲劉歆所竄改，其於《地理志》之“古文”字，則一字不提及。非不知而遺之，乃故以《地理志》載莽曰某地者觸處皆是，其徵引三家《詩》者極爲明顯，無法詆爲劉歆所作，且亦無法不承認其爲今文（字）〔學〕①也。

又云：康氏謂：《史記·儒林列傳》述《春秋》有《公羊》《穀梁》，而無《左傳》，但《史記》徵引《左氏》至多，如其傳經，安有不叙明之理？符氏駁之曰：如古文《尚書》見諸《儒林列傳》，康氏謂獻王、恭王《世家》何以不載，《左傳》見《十二諸侯年表》，康氏乃謂《儒林列傳》何以不載，豈《史記》記載必須一事兩見，始得爲信據乎？

---

①據《新學僞經考駁誼》改。

又云：康氏謂：孔光、龔勝、師丹皆大儒，知《左傳》之僞，故不肯助劉歆。符氏駁之曰：康以龔勝、師丹反抗《左氏》立學，遂加以“知其僞”三字，此真莫須有之獄，何足以服人之謂也？且考龔勝、師丹無僞《左傳》之説，不但不以爲僞，且彰明較著引用其文，云云，并歷舉十七證以駁康氏。文繁，今不複録。

符氏嘗謂：清光緒十七年夏四月，南海康有爲撰《新學僞經考》。新學者，新室之學也；僞經者，古文經傳咸僞也；考者，考群書以證其僞，距其學也。其意若曰：古文生於贋鼎，古書假於毛亨[①]，《説文》原於僞學，歧路有歧，豈可信哉？符氏總駁之曰：“《公》《穀》《孟子》之文，《大傳》《外傳》之作，《繁露》《新序》之篇，今文家奉爲圭臬者也，顧其説佚《書》，述《左氏》，稽六官，往往而有。是故古文之同乎今學也，正諸先民而不妄，異世以俟達人而不誤者也。”

符氏之作，敢於駁康氏之書，誠較昔日一般反康者徒以

---

①此處有脱誤，《新學僞經考駁誼·自叙》原作“古《書》假于屋壁，《周官》制于新室，《左傳》分于《國語》，《毛詩》託于毛亨”。

"非聖""狂妄""我不信"等無根之言，可謂信而有據者矣！余嘗持符氏之作以示錢玄同氏，借徵其對符氏此書之意見。錢氏謂："符氏之作，我不能同意，但其舉證立説，余今尚無具體之例證以駁其所駁者，暫不能有所論評，使假我數年，當發其覆也。"而錢氏逝已念載，則今古經學之讞，孰將爲之決定乎！

又吳縣胡綏之玉縉對符氏之書，亦極爲推重，如云："符君宇澂乃起而駁之，凡舉三十一事，殆所謂'予豈好辨，予不得已'者，實爲不可少之書。其書雖未能盡，間有出於約推處，而大端已得，第六事、第十四事及二十一二三事，尤足關其口而奪之氣。康謂僞經、僞字之光大，賴鄭玄、許慎。如其説，似許、鄭之罪爲難逭。今證得經與字皆不僞，則知其功爲莫大。"云云，則其書之足重乃可知也。

以上據符氏所述，及當世學者之所論略，拉雜記之，玆更述符氏之《聯緜字典》。

余見符氏原稿，凡八十七巨册，四百餘萬言。符氏嘗謂余曰：余撰此書已歷三十餘年，肇自清宣統庚戌，訖於共和庚辰，其間之二三年職司教育，民十五六年則管轄鹺政，退食餘暇，鉛槧未離，蓋〔專〕[①]心致志於編輯，憤發緜聯，凡二十有七年矣。則其功力之深，於此可見。世間乃不明此書之本質及其作用，每以《辭源》《辭海》之書相衡，殊爲不倫。蓋其書乃字書而非辭書也。凡一字有一字之訓解，斯乃字典之工用，而兩字爲一訓解之字即聯緜字，向未見有專書，如《爾雅》開首即有"權輿，始也"之聯緜字，但爲數極少。明代楊慎作《古音駢字》，朱謀㙔有《駢雅》，方以智作《通雅》，始於二字聯繫之詞，加以類列。入清又有史夢蘭之《疊雅》等書問世，然皆簡略。自符氏之書成，乃得彌補其缺憾。余嘗謂符氏云：昔阮文達元使詁經精舍諸子輯撰《經籍籑詁》，爲經義經解上極爲美備之單字工具書。先生之作，可與媲美而彌縫其缺憾，且音韻、注釋，均具别裁，與《籑詁》之僅事輯録者，乃更勝之。惟阮氏之書，正當研治經學、小學極盛之時，乃成應時之産物；而先生之書乃在今日出現，當經學垂絶之秋，故不爲人之所重視耳。符氏亦慨然而頷首也。

當其著是書之末期，正值抗日戰争之際，北京淪陷敵

---

①據文義補。

手。日人對於符氏欲將有以借重，以資號召學界，屢以甘言利誘；利誘不達其目的，乃思加以威脅。符氏夷然視之，并聘固安高景坡潤生太史、周祖謨教授協助，傭書手六七人，如是者經年累月。在當時經濟緊迫，生活高漲之戰亂中，符氏破産爲之而無所顧惜，其於學術之貢獻，可謂偉矣！故《聯緜字典》書印成後，而符氏亦已患貧矣。

至其書之優點，約有數端，如：所謂義證分屬，聲韻兼賅，異文備陳，轉語羅列。撮其梗概，有五難焉：其取材也，捃摭經史，掇拾子集，探索頤隱，搜厥遺佚，此一難也；其纂詁也，若經有傳，若禮有記，若圖有説，若綱有目，此二難也；其正形也，别古籀焉，判奇字焉，辨正俗焉，分本借焉，此三難也；其審音也，反切别義，諧聲察省，紐表自立，韻字參衆，此四難也；其定義也，本之經訓，徵之古今，準之字書，參之子史，此五難也。真所謂精疲神瘁而從事者矣。

符氏對於古聲，亦多所發明，如證明古有舌上音，云：錢大昕所著《十駕齋養新録》卷五曰舌音類隔之説不可信，古無舌頭舌上之分。觀錢氏所舉例證，知其所謂不分者，以爲古音皆舌頭，無舌上也。定一謂：類隔不可信，是也；無舌頭舌上之分，則非。考古人實有舌上音，但不與舌頭類隔，猶古有輕脣音，但不與重脣類耳。因舉三十五證，以證明錢説之非確，而明古有舌上音焉。

符氏又謂古有輕脣音。按錢大昕《十駕齋養新録》卷五謂："古無輕脣音，凡輕脣之音，古讀皆爲重脣。"符氏因駁之曰："此説當分別言之。今之輕脣音，古有讀重脣者，若謂凡輕脣音古皆讀重脣，則與事實不符，而其説不可信。"乃分舉三例證而詳辨之。

大抵符氏在聲韻學上之造詣，比之黄侃，似更推進一步，而爲晚近音韻學上不易多見之學人也。

又自《聯緜字典》印成後，符氏又從事於《説文》之整理，嘗謂：當世講小學者，首推章太炎、黄季剛。符氏發憤作《説文補義》，謂自清代治《説文》者，凡數百餘家，但未見以《説文》本書而補釋《説文》本書之缺義者。《説文》五百四十部中之字，可互相引之以爲證，用補其遺義，如此則前人未通之義，可得理解，豈非快事！惜以精力就衰，未及成書，而老病經年，以至逝世，爲重可惜也。

符氏臨終之前二年一九五六年，余視其疾，符氏在病榻中猶謂吾曰："此書《説文補義》恐無成矣，子亦好治聲音、訓詁之學，篤守正宗，可完吾未完之功，以成擁許之業績。”余慚愧銘諸心室，荏苒光陰，迄無所就，聊志符氏治學概略，以告後之治文字學者。余簡陋不文，於符氏之學所述尚多漏略，所述未盡詳備也。

符定一事略[①]

楊亦煌

符定一，字宇澄，是我祖母的嫡侄，排行第七，我們稱他爲七伯。一八八〇年出生於衡山縣白果鎮瓦鋪子牛皮塘一個貧苦的小知識分子家庭，一九五八年病逝於北京。

他幼年喪父，得我祖母的扶持頗多。我祖母常告我説，七伯自幼聰明好學，因家貧困，一碗稀粥冷却後一分爲二作兩餐食用，一個咸蛋吃一天。稍長，從其六叔我的六舅祖受業，文章大進。及長，游學北京，漸有聲譽。

民初，先任京師大學堂今北大教授、文學院長、北洋政府財務次長、鹽務總署署長，後任北洋政府秘書長，并任湖南高等學堂今湖大校長兼湖南第一師範學校名譽校長。後來隱居於長沙、蘇州、北平等處，從事著作。除至親至戚外，不與任何人往來。隱居長沙時間較長，抗日戰争前，

①選自《衡山文史資料》第二輯，第 18—19 頁。

我們常去看望。

他不堪日軍統治下的屈辱生活，於一九四四年秋逃出北平，冬初經重慶，來到衡山東湖羅渡我家。一九四五年夏去延安。

一九四四年秋，我因戰禍從中山大學休學回鄉，故有較長時間和七伯在一起。他告訴我，他在重慶時，何應欽派了一個少將護送他，但他謝絶了。不幸的是途經湘鄉瀫水時，七十三軍抓了他，説他是漢奸，要槍斃他。幸好送到七十三軍軍長彭位仁處審批時，彭位仁放了他。因彭位仁是他的學生。他還告訴我，日本人要吴佩孚當華北五省僞主席，吴不幹，是日本人害死吴的。吴死後，日本人又找他，他害怕極了，所以才自北平逃出來。

一九四六年，七伯自延安回到北京後，遭到國民黨的逮捕，但不久即釋放。一九四九年我到東北後，他曾與我數度通信。一九五一年，我到北京，曾拜訪七伯。他對我説，一九四六年，他的被捕是因他在延安與毛澤東主席有合照，并把合影拿給我看了。他説他們衹是師生關係，没有政治聯繫。但毛在一師就讀時，他曾營救過毛。當時“衹是出於愛才”，但現在却是“有功之臣”了。當時七伯任全國政協常委、中央文史館館長。

我家原有七伯手書"著作等身"和手稿的照片，在他的名字下蓋有"古今一人"的印章。現已遺失。他的巨著《聯緜字典》，精裝四大本，約四百萬字，一九五四年中華書局出版，現各大城市新華書店均有出售。

他的長女淑之適白果劉公任，長子泌之解放前亦在白果。他的最小的兩個兒子解放後在中央公安部工作。

中央文史研究館館長符定一傳略[①]

符定一，字宇澄，號悔庵，湖南衡山人，1879 年生。文字學家，毛澤東的老師。中央文史研究館第一任館長。

符定一幼讀家塾，稍長入衡陽師範學堂，後入京師大學堂，1908 年畢業，奏獎舉人、中書科中書。曾任資政院秘書、順天高等學堂教習。辛亥革命後，回湖南從事教育工作，歷任嶽麓書院院長、湖南省教育總會會長、湖南省立第一中學校長、湖南師範學校校長。1912 年創辦省立一中，招收新生時，見毛澤東國文考試名列第一，疑其有僞，當面再試，果然妙筆驚人，文采斐然，即希望他一定入校。入校後，又經常爲他講解古典文學作品，傳授愛國主義思想，從此師生來往甚密，情誼彌篤。1913 年被補爲國會衆議院議員，定居北京。1918 年 8 月，任安福國會衆議院議員。1925 年毛澤東回家養病，後經長沙去廣州，不料遭到趙恒

---

①選自《中央文史研究館館員傳略》，中華書局 2001 年，第1—2頁。

惕軍警的追捕。此時符正好回湖南省親，聞知此事，便憑借自己宿儒的身份和趙恒惕是小同鄉的關係，從中疏通，爲毛作保。幾經周折，終於使毛脱離虎口，安抵廣東。1926年6月，符任北洋政府財政部次長，兼鹽務署署長，稽核總所總辦。1927年3月辭職，專心著作《聯緜字典》，1940年成書。

1946年6月，符定一通過葉劍英與毛澤東主席取得聯繫，毛主席立即邀請他去延安共商大計。他到延安後，在毛主席親自主持召開的歡迎大會上，揭露蔣介石政府之腐敗與反人民實質，分析其必然滅亡之趨勢，要求共産黨出義師，拯民於水火之中。從延安返回北平後，在葉劍英領導下，積極參加并擴大反蔣統一戰線，向教育界文人學士和親朋宣傳共産黨的政策和優良作風。1947年初，國民黨出動軍警搜查他的住宅，逮捕了他。毛主席聞訊，即電請葉劍英組織營救。北平各大學著名教授八十餘人向國民黨提出抗議，報紙全文轉載。他也不顧個人安危，據理駁斥反動當局逮捕他的荒謬托詞。國民黨無可奈何，衹得派人送他回家。1948年8月，國民黨在平津大批逮捕青年學生與社會賢達。經毛主席親自安排，他於10月秘密進入解放區轉西柏坡，受到周恩來副主席和毛主席的迎接，常同毛主席暢談。

1948年底人民解放戰爭取得巨大勝利，毛主席在1949年新年獻詞中發出“將革命進行到底”的號召。符和先後到達解放區的李濟琛、沈鈞儒、馬叙倫、郭沫若等五十五人，在同月22日發表《對時局的意見》，堅决支持中共中央對時局聲明中提出的八項和平條件。1949年符到北平，出席中國人民政治協商會議第一届全體會議。新中國成立後，出任政務院文化教育委員會委員。那時社會上有一批文人耆宿生活無着，毛主席、周總理多次同符定一、柳亞子商談籌建中央文史研究館，以團結安置這些老人。符還受周總理委托，召集老人徵求意見。1951年6月又致信毛主席，反映情况。主席立即在信上批示：“請齊燕銘同志辦。生計太困難者，先行接濟，不使挨餓。”7月29日，中央人民政府政務院文史研究館正式成立，聘任26位知名耆宿爲第一批館員，符定一爲第一任館長。他還是第一届全國人大代表，第一、二届全國政協委員。1958年5月3日病逝，終年79歲。5月6日舉行公祭，毛主席和劉少奇、周恩來、朱德、陳雲、鄧小平等送了花圈，悼詞對他的一生作了崇高的評價。周總理總結符的一生，認爲有三大貢獻：一是首先發現毛澤東同志爲中國的有用人才；二是建黨初期，支持黨的活動，營救黨的領袖；三是晚年參加反蔣鬥争，對建設新中國有貢獻。

符定一著有《聯緜字典》《新學僞經考駁誼》《説文本書證補》《説文古籀本書證補》等。

符定一先生墓碑文

先生姓符氏，諱定一，湖南衡山縣人。早歲熱心興學，在本省從事教育工作，歷任省立第一中學校校長、高等師範學校校長、全省教育會會長等職。一九二二年，曾一度任北洋政府財政部次長兼鹽務署署長，未幾去職。後乃閉户撰述，著有《聯緜字典》約四百萬言，及《新學僞經考駁誼》行世，半生精力，悉萃於此。日寇竊據北京時，先生堅持民族立場，不爲敵人威武所屈。一九四六年，國民黨反動派偵知先生與八路軍軍調部人員過從，且潛往延安一次，因此極爲仇視，濫行逮捕，欲加之罪，嗣經友人營救，旋即釋放。一九四九年，全國解放後，參加中國人民政治協商會議第一屆全體會議，並被選爲政協全國委員會委員。一九五一年，任中央文史研究館館長。一九五四年，被選爲全國人民代表大會代表。先生晚嬰重疾，居醫院者有年，繼復患支氣管肺炎，診治罔效，竟致不起。生於一八七七年十一月十九日，卒於一九五八年五月三日，享年八十二歲。

符定一研究論著簡目

（一）研究著作

[1]吴仰湘：近代湘學考述，北京：中華書局，2022

[2]沈懷興:現代聯緜字理論負面影響研究,北京：中國社會科學出版社,2015

[3]中央文史研究館：中央文史研究館館員傳略，北京：中華書局，2001

[4]中央文史研究館：崇文集——中央文史研究館館員文選，北京：中華書局，1999

[5]中共中央黨史和文獻研究院：建國以來毛澤東文稿，北京：中央文獻出版社，2023

[6]湖南省文史研究館：仰望湘賢，北京：民主與建設出版社，2024

[7]張承平：八寶山革命公墓碑文録，北京：改革出版社，1990

[8]孫海林，葛意誠：湖南第一師範名人譜（1903－1949），湖南省第一師範學校，2003

[9]本書編委會：湖南省長沙市第一中學，北京：中國大百科全書出版社，2012

[10]曾常紅：湘籍近現代文化名人·語言文字學家卷，長沙：湖南師範大學出版社，2011

[11]王曉天，王國宇：湖南古今人物辭典，長沙：湖南人民出版社，2013

[12]尋霖，龔篤清：湘人著述表，長沙：岳麓書社，2010

[13]陳先樞，周英：長沙名人，長沙：湖南文藝出版社，1999

[14]陳澤珲：長沙野史類鈔，長沙：岳麓書社，2011

[15]衡陽市地方志編纂委員會：衡陽市志，長沙：湖南人民出版社，1998

[16]衡山縣簡志編委會：衡山縣簡志，長沙：湖南出版社，1996

[17]方繼孝：舊墨記——世紀學人的墨迹與往事，北京：北京圖書館出版社，2005

[18]方繼孝：舊墨二記——世紀學人的墨迹與往事，北京：北京圖書館出版社，2006

[19]陳章麟：情重衡嶽，長沙：湖南人民出版社，2005

[20]錢曾怡，劉聿鑫：中國語言學要籍解題，濟南：齊魯書社，1991

[21]李樹蘭：中國文學古籍博覽，太原：山西人民出版社，1988

[22]劉凌，吴士餘：中國學術名著大詞典（近現代卷），上海：漢語大詞典出版社，2001

[23]劉葉秋：常用字書十講，北京：商務印書館，1964

[24]徐青：字典和詞典，武漢：湖北人民出版社，1981

[25]朱天俊，陳宏天：文史工具書手册，北京：中國青年出版社，1982

[26]張清常：張清常文集・第一卷，北京：北京語言大學出版社，2006

[27]鄭逸梅：書報話舊，上海：學林出版社，1983

[28]湖南省政協：湖南文史資料選輯第 20 輯，長沙：湖南人民出版社，1986

[29]湖南省政協：湖南文史資料選輯第 28 輯，長沙：湖南人民出版社，1987

[30]衡山縣政協：衡山文史資料第 2 輯，1987

[31]衡山縣政協：衡山文史資料第 3 輯，1989

（二）期刊論文

[32]楊亮：黄侃序《聯緜字典》考述，北京大學中國古文獻研究中心集刊，2018[01]

[33]李長仁：聯緜字和符定一的《聯緜字典》，吉林師範大學學報，1988[01]

[34]鄒華享：符定一與《聯緜字典》，湖南社會科學，1990[02]

[35]沈懷興：《聯緜字典》的收詞及相關問題，辭書研究，2007[04]

[36]楊文全：中國現代辭書的奇葩——《聯緜字典》平義，樂山師範學院學報，2002[01]

[37]朱積孝：符定一《聯緜字典》辨誤，辭書研究，1992[05]

[38]吕嵐：《辭通》和《聯緜字典》，文史知識，1982[06]

[39]傅琳：中央文史館首任館長符定一，名人傳記，2002[09]

[40]姜廣輝，肖永貴：康有爲“壁中書出自劉歆僞造”説論辯述評，中州學刊，2021[11]

[41]李少波：《新學僞經考》古籍辨僞平議，青海師範大學

學報，2015[01]

[42]錢宗武：《尚書》聯緜詞的類型兼論聯緜詞的構詞理據，漢語史學報，2003

[43]張遠影:釋“委蛇”——兼談聯緜詞“一詞異形”的理據分析,揚州教育學院學報,2018[03]

[44]李春豔:聯緜性:聯緜詞性質再認識——兼論四音格聯緜詞,齊魯學刊,2012[06]

[45]孫劍藝：精莊雙聲補證，寧夏師範學院學報，1991[01]

[46]王健庵：“古無輕唇音”之説不可信，安徽大學學報，1983[01]

[47]姚淦銘：論王國維理想中的聯緜字典編纂，辭書研究，1990[04]

[48]張世禄，楊劍橋，漢語輕重唇音的分化問題，揚州師院學報，1986[02]

[49]羅芬：古無輕唇音研究述評，齊齊哈爾大學學報，2017[03]

[50]曹國安：審視古無輕唇音和古無舌上音，惠州學院學報，2017[05]

[51]蘇寶榮：試論聯緜詞典的編寫體例，辭書研究，1990[01]

[52]杜改運：聯緜詞與詞的構成，玉溪師專學報，1987[02]

[53]張固也：西漢孔子世系與孔壁古文之真僞，史學集刊，2008[02]

[54]尹黎雲：聯緜字研究，北京聯合大學學報，1992[01]

[55]劉福根：歷代聯緜字研究述評，語文研究，1997[02]

[56]侯廷章："古無輕唇音"新探，南都學壇，1988[02]

[57]洪文軍：中央文史研究館第一批館員，中華書畫家，2016[07]

[58]葉波，范蔚：近代中國普通中學文理科分合的文化探析，教育學報，2011[05]

[59]葉揚兵：關于中央文史研究館籌建的兩個時間，黨的文獻，2018[02]

[60]李迅：朱德與周予同關于文史館的一段談話，世紀，2019[03]

[61]趙德潤：文之脉、國之魂——中央文史研究館往事回眸，中國民族博覽，2021[18]

[62]劉松林：一代偉人對中央文史館的關懷——獻給毛主席誕辰116周年，紫光閣，2009[12]

[63]王廣珍：從西柏坡走進中南海——北京網通重要通信回

眸，北京電子，2006[08]
[64]毛峥嶸："黨的游擊小卒"彭澤湘，黨史文苑，2020[02]
[65]隗芾：在長春發現的毛澤東同志早期書信，北方文物，1986[03]
[66]符理達，易軍：符定一與毛澤東 46 載師生情，源流，2002[10]
[67]嚴農：無間師生、親密戰友——毛澤東和符定一，黨史文匯，2005[02]
[68]方繼孝：毛澤東的四位老師及其手迹，收藏家，2003[09]
[69]劉松林：符定一與毛澤東的師生情，世紀，2000[01]
[70]吳兆章：老師與學生的忘年之交——記符定一與毛澤東，福建黨史月刊，2002[12]
[71]楊輝：毛澤東與老師符定一，黨史博覽，2002[08]
[72]余連祥：錢玄同傳（一）"誨人不倦"的名教授，傳記文學，2019[07]
[73]劉倩如，張肇俊：毛澤東與他的兩位老師，黨史天地，2006[06]
[74]唐振南：老師評語裏的毛澤東，中華魂，2006[09]
[75]吳建南：毛澤東和符定一，小學生導讀，2011[09]

[76]李捷三：盛名久揚的長沙一中，中小學管理，1994[Z1]
[77]陳晴：毛澤東與他的四位校長，文史月刊，2007[02]
[78]楊錫祥：符定一慧眼識才——毛澤東必成大器，文史博覽，2013[09]
[79]聞齋：符定一——最早發現毛澤東有雄才偉略的人，金秋，2010[06]
[80]趙志超：毛澤東與他的老師符定一，湖南教育，1987[12]

（三）學位論文

[81]王紅岩：漢代簡帛古書聯緜詞研究，遼寧師範大學碩士論文，2018
[82]徐蕾：從聯緜詞看上古複輔音的失落，貴州大學碩士論文，2016
[83]何海菊：《詩經》聯緜詞韵律特點研究，福建師範大學碩士論文，2011
[84]梁萍：評方以智《通雅》對聯緜詞的研究，遼寧師範大學碩士論文，2006
[85]范建國：簡論聯緜字觀的演進，湖北大學碩士論文，2000

（四）報刊文章

[86]劉安定：中央文史研究館第一任館長是湘潭人，湘潭日報 2020 年 12 月 13 日

[87]蔣昭芒：符定一——彌天亘地師生情，衡陽日報 2016 年 12 月 18 日

[88]陳建凡：符定一與留筆塘，湘潭日報 2022 年 9 月 6 日

[89]王鵬：編纂《聯緜字典》的符定一，人民政協報 2014 年 5 月 8 日

[90]符立達，周勉德：師生情誼深——記毛主席和符定一的一些往事，人民日報 1994 年 5 月 8 日

符定一生平年表

依慣例按虛歲計算年齡。

祖父符立鵬（1816—1888），字雲翼，號南溟。太學生。

父親符義玉（1853—1917），字卓卿。貤贈奉政大夫。

母親楊氏（1852—1904），生子三：方儲、方倫、方梓。

長子安群亮之，次子安誼泌之，三子安志應之，四子安理同天，五子安信濟湘；女兒淑之、德芳。

1879 年（光緒五年）　1 歲

生于湖南衡山縣留筆塘。今白果鎮五一村。本名方梓。

1903 **年（光緒二十九年）　25 歲**

考入京師大學堂師範館公共科分科習英文，有志譯述。改名定一。

1904 **年（光緒三十年）　26 歲**

母親楊氏去世。後撰《先妣符母楊太夫人墓碑銘》。

1908 **年（光緒三十四年）　30 歲**

畢業後受獎舉人暨中書科中書，任資政院秘書、順天高等學堂英文教習。

爲其倡修的湖南衡山甘霖堂《符氏九修族譜》撰序。

1910 **年（宣統二年）　32 歲**

有感歷代字書之缺略，欲集釋聯緜字，著手編《聯緜字典》。

1911 **年（宣統三年）　33 歲**

辛亥革命爆發，時局動亂，回湘從事教育。

1912 年（民國元年）　　34 歲

湖南省教育會在長沙成立，選爲會長。

與貝允昕、廖名縉等向湖南省政府提交《創辦湖南省全省公立高等中學校理由書》，牽頭創立湖南全省公立高等中學校。今長沙市一中。爲首任校長。發現學生毛澤東極有文才與思想，特意加以培養。

1913 年（民國二年）　　35 歲

任湖南高等師範學校校長。補爲國會議員。

作《題章太炎〈國故論衡〉持贈李子暢》。發表于《湖南教育雜志》1913 年第十七期。

1914 年（民國三年）　　36 歲

籌備湖南省學校第三屆聯合運動會。一度執教于湖南公立第一師範學校。

1915 年（民國四年）　　37 歲

湖南省教育會改選，任副會長。

1917 **年（民國六年）**　　39 **歲**

父親符義玉去世。後撰《先考符公卓卿府君墓碑銘》。

1918 **年（民國七年）**　　40 **歲**

選爲安福國會衆議院議員，遷居北平。

毛澤東來到北平，師生相聚。符對這位“身無分文，心憂天下”的學生多有照拂。

1919 **年（民國八年）**　　41 **歲**

五四運動爆發後，在北京大學召開的北京各校全體聯合大會上以議員身份發表演説，表示“社會對於此次學界舉動深表同情，即鄙人亦甚贊同，以後進行，願效犬馬之勞”。

作爲議員，提出《請依法延長會期二個月案》等議案。

1920 **年（民國九年）**　　42 **歲**

同鄉趙恒惕就任湖南總司令，與易克臬聯名發表賀電。

1921 **年（民國十年）**　　43 **歲**

與葉德輝交遊，爲其刊行《郋園北遊文存》并撰序。

1923 **年（民國十二年）**　　45 **歲**

與劉建緒等籌資創辦湖南私立衡湘中學。今長沙市一中芙蓉中學。由其學生尹道樂任校長，自任名譽校長。

1924 **年（民國十三年）**　　46 **歲**

出席湖南省憲法會議第五次會議，對議員李榮植所謂“學識不够”的攻擊作出回應。

1925 **年（民國十四年）**　　47 **歲**

回湘省親，恰值學生毛澤東因領導工人運動被趙恒惕政府緝捕，多方疏通關係，保護毛平安離湘。

1926 **年（民國十五年）**　　48 **歲**

就任北洋政府財政部次長、鹽務署署長、稽核總所總辦。

爲其姑丈、姑母賀壽，作《胡楊巽山先生六十雙慶序》。

1927 年（民國十六年）　49 歲

辭任北洋政府財政部次長、鹽務署署長、稽核總所總辦。此後潛心著述，編撰《聯緜字典》，“自晨興至夜半，工作恒逾十四小時，不中程不得休息”。

1932 年（民國二十一年）　54 歲

《聯緜字典・凡例》經黄侃審核，極得黄氏推重，謂“湖南人箸書而能有此，洵爲異事”。

1933 年（民國二十二年）　55 歲

與黄侃往來論學，相約共護《説文》，欲撰書批駁康有爲。

1934 年（民國二十三年）　56 歲

回鄉省親，在湖南衡山甘霖符氏祠堂内出資創辦符氏競存學校。今留筆學校。派其堂弟符澍春來校任教，由符廣笙擔任校長。

1935 年（民國二十四年）　57 歲

友人羅植乾發表《與符宇澂先生論〈聯緜字典〉書》，對《聯緜字典》提出兩則修改意見。

1936 年（民國二十五年）　58 歲

撰《新學僞經考駁誼》，對康有爲《新學僞經考》的謬誤逐一批駁。書成，攜稿赴蘇州就正于章太炎，章太炎稱“書甚佳，可宣布焉”。

《〈新學僞經考駁誼〉摘録》發表于《制言》。

1937 年（民國二十六年）　59 歲

《新學僞經考駁誼》由上海商務印書館出版，轟動一時。

1938 年（民國二十七年）　60 歲

在《晨報》《大公報》等發出啓事，稱《聯緜字典》已脱稿，準備付梓。

1939 年（民國二十八年）　61 歲

《聯緜字典》全書編竟。

吴佩孚暴死，集經語作輓聯二副。

1940 年（民國二十九年）　62 歲

次子泌之留學歸家，令其在符氏競存學校教書，并出資擴建教學樓。

作《後叙》詳述編撰《聯緜字典》之艱辛。與《聯緜字典》稿本八十七册合影。

1941 年（民國三十年）　63 歲

回鄉省親，指導符氏競存學校教育工作，制訂各項管理制度，資助貧困及優秀學生。

1942 年（民國三十一年）　64 歲

《聯緜字典》發出預售。江亢虎來函盛贊，謂爲“不朽盛業”，擬購五部。

1943 年（民國三十二年） 65 歲

《聯緜字典》由京華印書局印行，書前有黄侃叙、王樹枏叙、葉德輝叙、自叙等。在南嶽刻石紀念："一人一書，四百萬言。生民初覯，海外靡見。"

1944 年（民國三十三年） 66 歲

拒絶國民黨高官厚禄的誘惑，從北京假道重慶，回鄉隱居。途經湘鄉瀔水時，被國民革命軍七十三軍逮捕，後經鄉親設法營救獲釋。

1945 年（民國三十四年） 67 歲

王震率領的八路軍三五九旅南下支隊到達湘潭株洲時，派兒子前往迎接，與地下黨組織取得聯繫。

1946 年（民國三十五年） 68 歲

赴北平會見中共代表葉劍英，并將住宅騰出數間，供中共代表開會住宿。應中共中央主席毛澤東之邀，偕女符德芳赴延安訪問三個月。此後積極參加反蔣統一戰線。

《聯緜字典》改由中華書局出版，分爲十册，附索引一册。

1947 **年（民國三十六年）**　69 **歲**

在北平被國民黨特務逮捕，經葉劍英等營救，以及北京各大學教授八十餘人聯名抗議，于數天後被放出。發表致北平市長何思源的公開信，抨擊國民黨踐踏人權。

針對任心叔的《聯緜字典》書評，撰文訂誤。

1948 **年（民國三十七年）**　70 **歲**

國民黨大肆逮捕青年學生與社會賢達，經毛澤東安排護送，到達河北平山縣李家莊。

向中共建議“先武攻天津市，後文取北平城”，得到采納。

1949 **年**　71 **歲**

與李濟琛等五十五人聯名發表《我們對於時局的意見》，堅決支持中共中央對時局聲明中提出的八項和平條件。

作爲無黨派民主人士代表，參加新政治協商會議籌備會，參加中國人民政治協商會議第一届全體會議，參加開國大典。

任政務院文化教育委員會委員。

1950 **年**　　72 **歲**

向毛主席反映家鄉衡山白果土改左傾實情，得到毛主席批示。

爲籌建中央文史研究館，廣泛徵集老者意見，上書毛主席。

1951 **年**　　73 **歲**

中央文史研究館成立，接受毛主席委托，出任首任館長，積極開展文史館工作。

1952 **年**　　74 **歲**

爲中醫學家曲月川《針灸講習録》題詞。

收到學生舒新城婉拒出版《聯緜字典》的回信，謂“非專業範圍，無力兼顧”。

1953 **年**　75 **歲**

對《聯緜字典》稍作審訂，準備再版，致信毛主席請求題詞。毛主席回信婉拒，但仍題寫了書名。

1954 **年**　76 **歲**

毛主席題寫書名的《聯緜字典》由中華書局再版，分作精裝四册。

選爲全國人民代表大會代表。

1955 **年**　77 **歲**

年初患病。毛主席派人送至醫院，關懷備至。

1956 **年**　78 **歲**

病中仍對後輩學者馬念祖言："此書《説文補義》恐無成矣，子亦好治聲音、訓詁之學，篤守正宗，可完吾未完之功。"希望馬念祖完成其未竟之作。

1957 **年**　79 **歲**

因病長期不能工作，由葉恭綽副館長代理文史館館長職務。

1958 年　　80 歲

五月三日病逝于北京，五月六日公祭。安葬于北京八寶山革命公墓一墓區月字組西一。

（蕭海編撰）

圖書在版編目(CIP)數據

符定一全集/符定一著;高雨,袁行霈主編.—長沙:岳麓書社,2025.3.
ISBN 978-7-5538-2257-0

Ⅰ.C52

中國國家版本館 CIP 數據核字第 20258AW789 號

FU DINGYI QUANJI

符定一全集

著　　者:符定一
主　　編:高　雨　袁行霈
出 版 人:崔　燦
統　　籌:蔡　晟　周家琛
責任編輯:吴　賽　王　彦
責任校對:舒　舍
封面設計:山與水視覺設計　劉　峰

岳麓書社出版發行
地址:湖南省長沙市愛民路 47 號
直銷電話:0731-88804152　0731-88885616
郵編:410006

版次:2025 年 3 月第 1 版
印次:2025 年 3 月第 1 次印刷
開本:710mm×1000mm　1/16
印張:31
字數:317 千字
書號:ISBN 978-7-5538-2257-0
定價:460.00 圓

承印:長沙超峰印刷有限公司

如有印裝質量問題,請與本社印務部聯繫
電話:0731-88884129